ZHENJING
SHIJIE DE
DASHIJI

震惊世界的大纪录

世界图书出版公司
广州·北京·上海·西安

图书在版编目（CIP）数据

震惊世界的大事纪／《震惊世界的大事纪》编写组
编 . —广州：广东世界图书出版公司，2011.4（2024.2 重印）
ISBN 978 - 7 - 5100 - 3439 - 8

Ⅰ . ①震… Ⅱ . ①震… Ⅲ . ①世界史 – 青年读物②世
界史 – 少年读物 Ⅳ . ①K109

中国版本图书馆 CIP 数据核字（2011）第 058346 号

书　　名	震惊世界的大事纪
	ZHENJING SHIJIE DE DASHIJI
编　　者	《震惊世界的大事纪》编写组
责任编辑	冯彦庄
装帧设计	三棵树设计工作组
出版发行	世界图书出版有限公司　世界图书出版广东有限公司
地　　址	广州市海珠区新港西路大江冲 25 号
邮　　编	510300
电　　话	020-84452179
网　　址	http://www.gdst.com.cn
邮　　箱	wpc_gdst@163.com
经　　销	新华书店
印　　刷	唐山富达印务有限公司
开　　本	787mm × 1092mm　1/16
印　　张	13
字　　数	160 千字
版　　次	2011 年 4 月第 1 版　2024 年 2 月第 10 次印刷
国际书号	ISBN　978-7-5100-3439-8
定　　价	59.80 元

❖ 前　言

　　历史是自然界和人类社会的发展过程，是某种事物的发展过程和个人的经历，是人类前进的车轮。回眸形形色色的世界历史事件，我们或兴高采烈，或义愤填膺，或拍案叫绝，或嗤之以鼻……

　　我们从众多历史事件中，挑选出 50 个对人类历史进程有重大影响的事件，按照政治篇、经济篇、战争篇、科技篇、文化篇 5 部分编排整理而成书，为广大读者提供一个了解重大历史事件的平台。

　　◆政治篇。列宁说："政治是一种科学，一种艺术。"篇中收有法国大革命、1848 年欧洲革命、日本"明治维新"、巴黎公社、俾斯麦统一德国、辛亥革命……这些历史事件，可以使广大青少年对上述国家的政治发展有一个宏观的了解。

　　◆经济篇。经济是整个社会的基础，也是政治赖以存在和发展的基础。我国自 20 世纪 70 年代末"改革开放"以来，经济建设取得了显著的成绩，特别是随着中国加入世界贸易组织和市场经济体制的逐步完善，我国经济呈现了良好的发展趋势。青少年作为祖国经济建设的后备力量，我们希望罪恶的奴隶贸易、"圈地运动"等历史事件对他们有所启迪。

　　◆战争篇。在人类社会的发展过程中，和平统一是主流，但是仍然存在着战乱与动荡。20 世纪的两次世界大战，对世界各国政治、经济的发展产生了很大的影响，为世界人民带来了沉重的伤害。我们希望广大青少年在阅读美国独立战争、第一次世界大战等历史事件后能了解上述战争的概况，明白和平的来之不易。

　　◆科技篇。科学技术是第一生产力。只有掌握了高新的科学技术，才能为国家的发展提供源源不断的动力，才能提高国家的综合国力，提高我国在国际竞争中的地位。阅读瓦特发明蒸汽机、电脑的诞生等重大科技创造的文章后，我们应养成勤动脑、勤动手的好习惯，树立创新科技的意识。

　　◆文化篇。文化是人类在社会历史发展过程中所创造的物质财富和精神财富的总和，特指精神财富。本书对古埃及、古希腊等文化作了简单的介绍，希望读者在了解这些文化后，能自觉承担起传播与传承世界文化的责任，做一个优秀的"文化人"。

　　走进《震惊世界的大事纪》，愿读者在熟悉世界大事的同时能有更多的收获！

编　者

◆ 目　录

■ 战 争 篇

■ 科 技 篇

■ 文 化 篇

■ 政 治 篇

❖ 法国大革命

  法国波旁王朝路易十四确立的法国军事专制体制,到18世纪末已经走到了尽头。1774年,路易十六即位,随之而来的,是一场波澜壮阔、席卷整个法国封建制度的资产阶级大革命,其气势之猛,令整个欧洲乃至全世界都震撼不已。

  18世纪的法国是欧洲大陆上典型的封建专制国家。它的农业占统治地位,工商业发达的程度在欧洲大陆首屈一指。当时,法国有许多手工工场,纺织、冶炼、煤矿、造船等工业出现了集中的大规模生产,对外贸易仅次于英国,酒类、服饰、家具等行销欧洲。阿尔萨斯的染色布和印花织品、里昂的丝绸在世界各地享有盛名,被当作奢侈品高价出售。在重工业方面,昂赞公司开发北部煤矿,雇用了数千名矿工。但是专制政府不断提高税收,加重了对企业的盘剥。全国关卡林立,阻碍了国内贸易的发展。

  在法国大革命发生之前,法国社会划分为3个不同的等级,僧侣为第一等级,贵族是第二等级,其他各种人都归为第三等级(包括工商业者、银行家、律师、作家、工场工人、农民、城市平民等)。第一、第二等级的人数只占全国总人口的1%,但是,他们有钱有势，占有全国 40% 的土地，而且拥有各种特权，想尽各种方法压榨平民。第三等级的人们，担负着生产和纳税义务，但是却没有任何政治权利。

路易十六上台之后，昏庸顽固、沉迷于享乐，而对政事却不感兴趣。王后是一个奥地利公主，同样挥霍无度，嗜好赌博。在国家财政濒临破产，人民生活非常疾苦的时候，国王和王后却为买宫堡花费了 1600 万利弗尔。1789 年，法国国债达到 45 亿利弗尔。面对此情况，路易十六走投无路，决定召开已有 175 年没有开过的"三级会议"，希望能够解决财政危机，把财政困难转嫁到第三等级身上。

1789 年 5 月 5 日，三级会议在凡尔赛召开，出席的代表中，第三等级占了大约 50%。会议一开始，自恃享有免税特权的第一、第二等级代表拒绝和第三等级代表一起讨论。而第三等级的代表迫切要求改变封建专制的法国政治，争取获得自由和平等，因而得到广大巴黎市民的拥护。他们趁开会的机会提出，限制国王的权力，把"三级会议"变成国家的最高立法机关。后来他们又宣布由他们自己组织"国民议会"，代表全体法国人民讨论国家大事。

路易十六

6 月 23 日，国民议会引起了路易十六的震怒和恐慌，他宣布国民议会非法，并出动军警封闭会场，禁止国民议会开会。国王的专制行为，不仅没压住第三等级代表的反抗，反而第一、第二等级的代表也全部参加了国民议会。7 月 9 日，国民议会改名为"制宪议

会"，把制定宪法作为议会的主要任务，公开反抗国王，双方的冲突更加激烈。

　　路易十六决定用武力解散制宪议会，准备逮捕第三等级代表，并且很快将3万雇佣军开入巴黎。消息传出以后，巴黎人民群情激奋，决定保卫制宪议会。7月12日，数万巴黎市民上街游行，并与军警发生冲突。一个年轻人站在一个高高的亭子上，大声喊道："公民们，国王雇佣的德国兵正向巴黎开来，他们要带来流血和屠杀！拿起武器吧，这是我们唯一的生路！"

　　7月13日，起义队伍进入堆放王室武器的巴黎荣军院，夺取了近3万支步枪，并且很快控制了巴黎绝大部分地区。手执各种武器的市民们攻占了一个又一个阵地。巴黎市区内到处都有起义者的街垒。到了14日的早晨，巴黎人民夺取了将近整个巴黎，只剩下巴士底狱还在国王军队的手中。

　　成千上万的起义者喊着"到巴士底狱去"，包围了巴士底狱。经过几个小时的激战，一门威力巨大的火炮把巴士底狱的围墙轰塌了。最后，起义者攻占了这个堡垒，处死了巴士底狱的指挥官德罗内。接着，起义者把巴士底狱完全拆毁，象征着封建罪恶的巴士底狱从此在地球上消失了。为了纪念巴黎人民英勇攻占巴士底狱的伟大功绩，法国把"7月14日"作为自己的国庆节。攻占巴士底狱是巴黎人民的伟大胜利，它标志着法国大革命的开始。

　　巴黎人民攻克巴士底狱之后，代表大资产阶级和自由派贵族利益的君主立宪派上台。制宪议会成了法国最高的行政和立法机关，其中，第三等级的代表起了主导作用。8月26日，法国国民议会通过《人权和公民权利宣言》，即著名的《人权宣言》，该宣言后来被用来作为《1791年宪法》的前言。《人权宣言》是18世纪末法国资产阶级革命初期，为反对封建专治统治、阐明资产阶级社会基本原则而提出的纲领性文献。

《人权宣言》明确宣布自由、平等、财产和安全是天赋的神圣不可侵犯的人权；宣布了"主权在民"的原则；宣布了资产阶级基本的民主权利；宣布了私有财产神圣不可侵犯。《人权宣言》的发表，打碎了"君权神授"的神话，否定了封建等级制，激发了革命人民的巨大热情，起到了动员、组织人民群众参加反封建斗争的作用。人们高举"人权"的旗帜，给封建特权阶级与封建专制制度以沉重的打击，促进了大革命的深入发展。《人权宣言》成为法国大革命彻底性和典型性的重要标志。

1791 年，代表大资产阶级和自由派贵族利益的斐扬派取得政权，制定了《1791 年宪法》，规定法国为君主立宪制。此后制宪议会解散，召开立法会议，维护君主立宪政体，反对革命继续发展。

6 月，路易十六逃出巴黎，企图去国外组织欧洲封建势力，加强对法国大革命的围剿。但是国王的阴谋并没有得逞，他未出国界就被民众发现并被押回巴黎。7 月 17 日，巴黎民众在马尔斯广场集会，要求审判国王的反革命罪行，废除君主制，并建立共和国。但是当权的斐扬派镇压了这次示威。

法国大革命爆发后，欧洲各国君主们视其为洪水猛兽，于是结成了反法同盟，宣布支持法国路易十六的君主政体，并在法国周围边境地区集结兵力，做好了战争准备。1792 年 4 月，法国向奥、普宣战。战争开始后，法国人民热情很高，但在新招募的军队组建之前，作战的主力仍是原法军。由于法军战备水平低，机动能力差，指挥欠协调等原因，4 月 28 日法军北方军团刚越过法比边界与敌军遭遇，就惊慌失措，溃不成军。

前线的失败激起了法国人民对国王和君主立宪派的强烈不满。8 月，14 万普奥联军向法国东北部边境逼近。8 月 10 日，巴黎人民再次举行武装起义，推翻斐扬派统治，逮捕国王路易十六。9 月 21 日召开国民公会，代表工商业资产阶级利益的吉伦特派执政，次日宣布成立法国近代史上的第一个共和国——法兰西共和国。此后，法国人民组成义勇军开赴前线，在瓦尔密大败侵入国境的普奥联军。瓦尔密会战是革命的法国反击欧洲反法联盟的第一次胜利，它对挽救法国大革命具有重大历史意义。

1792 年，国民公会开始审判国王。1793 年初，公会以"阴谋反对公众自由和危害国家安全"的罪名，将路易十六送上了断头台。这一消息传出，欧洲各国君主如做了一场噩梦，而法军占领比利时并威胁荷兰，更引起其惴惴不安。原来还在犹豫或保持中立的国家都纷纷参加普奥联盟，结成了第一次反法联盟。3 月，反法联盟军再次入侵法国。3 月底，奥军占领布鲁塞尔，法军又全部退出比利时和莱茵河左岸。法国王公迪穆里耶暗中与奥军勾结，最后叛国投敌。法军几个月的战果，转眼化为乌有。

前线不断传来失败的消息，使法国国内叛乱愈演愈烈，投机商哄抬物价，人民群众生活日益恶化。但当政的吉伦特派代表资产阶级利益，既阻止革命深入发展，又不坚决抗击欧洲君主国家的武装干涉。6 月 2 日，愤怒的巴黎人民举行了第三次武装起义，推翻了吉伦特派的统治，建立了以罗伯斯庇尔为首的、代表中小资产阶级利益的革命民主派——雅各宾派专政。雅各宾派采取了一系列巩固和发展革命的措施，使法国大革命到达了顶峰。这些措施和法令包括：在经济上，严禁囤积垄断，对日用生活用品实行全面限价；在政治上，颁布嫌疑犯法令，规定一切嫌疑犯都要收押和监督，实行土地改革，广泛动员民众镇压叛乱；在军事上，实行全民皆兵，用新技术武装军队，从下层官兵中选拔高级将领，改进战略战术等。

共和军首先向国内叛军发起进攻，西北部叛军被迅速镇压了下去。不久，共和军又攻占了叛乱中心里昂，迫使叛军投降。在南方，共和军两次打败叛军，并乘胜进攻马赛。12 月 19 日，共和军收复土伦，在这次战斗中年轻军官拿破仑·波拿巴表现出色，被破格晋升为准将。在对外战争中，共和军也取得了重大胜利。

雅各宾派的措施，彻底摧毁了封建土地所有制和封建义务，从而获得了广大人民的拥护和支持。但是，雅各宾派实行的过激和恐怖政策，也使它走向分裂和内讧。1794 年 7 月 27 日，雅各宾派中原先被罗伯斯庇尔镇压的右派势力发动了"热月政变"，逮捕了罗伯斯庇尔和圣鞠斯特，建立热月党人统治。

法军继续进攻反法联盟。1795 年，法军击败荷兰，并在 5 月签订《巴黎条约》，荷兰转而与法国结盟。接着普鲁士、西班牙等国相继退出战争。同时，保皇党在英国支持下发动叛乱，但很快被彻底镇压。此后，热月党人成立了新的革命政府——督政府，清除了雅各宾派统治时期的恐怖政策和激进措施，建立了资产阶级的正常统治，维护了共和政体，维护了法国资产阶级革命的成果。

1796 年春，法国发动对奥地利的进攻，法军主力在美茵河和莱茵河与奥军相持不下，但拿破仑指挥意大利军团在意大利北部击败奥军和萨丁王国，1797 年攻入奥地利本土，10 月双方签订《坎波福尔米奥和约》，奥地利退出战争，反法联盟瓦解。

1798 年 5 月，拿破仑远征埃及。7 月，法军击败马木留克军，征服埃及。8 月，法国地中海分舰队在阿布古尔海战中被英舰队全歼，法军被困埃及。第二年春，拿破仑向叙利亚进军失利。1799 年，英国再次组织第二次反法联盟，向法国新占领的地区发动围攻。法国国内反对势力企图发动政变，拿破仑秘密潜回法国，发动"雾月十八日政变"，建立临时执政府，法国进入"拿破仑时代"。至此，法国大革命进入了尾声。

法国资产阶级革命是法国反对外国武装干涉，镇压王党叛乱的革命战争。18 世纪末，整个欧洲还是封建势力占主导地位，封建势力盘根错节，非常顽固，法国革命所面对的敌人十分强大，既有欧洲的反法联盟，又有国内王党和教会势力，斗争异常激烈复杂。法国的革命力量就是这样一波一波地行进，一批人完成了特定阶段的历史使命，就被历史无情地淘汰，如此行进直到革命的成功。

法国大革命以深刻的政治经济变革，激发了广大民众的革命热情，并在战争中转化为强大的精神和物质力量，推翻了法国 1000 多年的封建统治。这次革命摧毁了法国封建专制制度，促进了法国资本主义的发展；也震撼了欧洲封建体系，推动了欧洲各国革命的发展。

1848 年欧洲革命

19 世纪 40 年代中期，在欧洲大陆，一方面，随着工业革命的扩展，资本主义得到发展，新兴的工业资产阶级力量日益壮大，但是仍然处于无权或少权状态。另一方面，遭受着外来压迫的东南欧各国希望结束外国统治，取得民族独立。那时候，各地相继出现了农业歉收和经济危机，广大人民群众的生活状况更加恶化，阶级矛盾尖锐，社会动荡加剧。

1848 年法国革命前夕，代表资产阶级金融贵族利益的"七月王朝"统治着法国。当时的法国社会贪污成风，贿赂盛行，赋税繁重，加上农业歉收，物价飞涨，民不聊生。1847 年的欧洲经济危机也波及法国，工厂纷纷倒闭，大批工人失业。法国人民对"七月王朝"的统治极端不满，要求进行选举改革。革命形势日益成熟。1848年，"二月革命"爆发了。

1848 年 2 月 22 日，巴黎工人、学生和市民冒着倾盆大雨，高唱《马赛曲》，冲向首相住宅，并与政府军警发生冲突。示威群众构筑街垒，进行抵抗，运动很快发展成声势浩大的武装起义。起义者占领了巴黎所有的兵营和武器库。国王见大势已去，仓皇逃往英国。起义人民占领王宫后，把国王的"宝座"搬到巴士底狱广场，当众烧毁。"二月革命"取得了胜利。

这是一次资产阶级民主革命。无产阶级在这次革命中起了主力军的作用，但是资产阶级窃取了革命果实，组成临时政府。由于工人的斗争，临时政府宣布实行共和制，历史上叫做"法兰西第二共和国"。

当时工人手中握有武器，临时政府被迫答应保障工人的劳动权，设立了收容失业工人的"国家工厂"。同时，临时政府组织别动队，调动军队准备屠杀巴黎工人。到了6月，临时政府悍然下令解散"国家工厂"。工人为了生存，奋起抵抗，4万多起义工人面对强大的敌人，英勇战斗，同政府军展开了激烈的巷战。很多妇女、儿童也积极参加。起义坚持了4天就被血腥镇压下去。1万多起义者遭屠杀，2万多人被判处监禁、流放和服苦役。"六月起义"是现代社会中两大对立级间的第一次伟大战斗。这是为保存或消灭资产阶级制度而进行的战斗。

与此同时，1848年的革命席卷了欧洲的许多地区，在奥地利的维也纳和普鲁士的柏林等地，资产阶级和广大人民拿起武器，要求结束专制统治。在匈牙利、捷克和罗马尼亚，人民为反抗外族统治，争取民族解放，纷纷发动起义。其中，影响最大的是匈牙利起义。

19世纪中叶，匈牙利处在奥地利哈布斯堡封建王朝统治之下。哈布斯堡王朝在匈牙利所实行的殖民政策完全践踏了匈牙利的主权，使匈牙利在政治、经济、军事和文化上完全依从奥地利，变成了奥地利的附庸国。随着世界资本主义的不断发展和奥地利资本主义势力的渗透，匈牙利的资本主义也逐渐发展起来。匈牙利人民强烈要求摆脱奥地利帝国的统治，消灭封建农奴制度，建立一个由匈牙利人管理的、符合匈牙利资产阶级利益的统一国家，来保证匈牙利资本主义的充分发展。

1848 年，在意大利"一月革命"、巴黎"二月革命"、维也纳"三月革命"的影响下，3 月 15 日，在匈牙利首都佩斯的匈牙利民族博物馆前，匈牙利民族民主革命的旗手、伟大的诗人裴多菲冒着大雨向集中在广场上的 1 万多名起义者高声朗读了他写的《民族之歌》。群众跟着他高呼"我们宣誓，我们宣誓，我们永不做奴隶"，从而揭开了 1848 年匈牙利民

裴多菲

族民主革命的序幕。随即通过了实行资产阶级改革的政治纲领《十二条》，并举行了武装起义，控制了整个首都。起义迅速从佩斯向匈牙利广大城乡蔓延，波澜壮阔的匈牙利独立战争正式展开。3 月 17 日，奥皇斐迪南一世被迫同意成立以资产阶级化贵族为领导的匈牙利责任内阁。次日，匈牙利议会通过法令，宣布匈牙利在军事、财政上的独立自主和废除农奴制等措施。

但是到了 1848 年夏天，捷克和意大利革命相继失败。奥皇便集中反动军队全力镇压匈牙利革命。9 月 11 日，3.5 万名奥军向匈牙利大举进攻。以科苏特为首的匈牙利国防委员会组织国民自卫军奋勇抵抗。29 日，匈牙利自卫军同奥军决战，一举击溃了奥军，在追击中俘虏和击毙奥军约 1 万多人。10 月 7 日，自卫军又包围了赶来救援的奥军并迫使他们投降，再次取得胜利。继而，追击的匈牙利军队直逼奥地利边境。自卫军所取得的胜利，沉重地打击了奥地利及欧洲的反革命势力，大大地鼓舞了匈牙利人民的斗争热情。

奥地利首都维也纳人民为反对奥军武装入侵匈牙利，于 10 月 6 日发动了新的起义，支援匈牙利革命。奥军立即包围维也纳，于 10 月底镇压了起义。12 月中旬，奥军在镇压了维也纳"十月起义"后，又出动 11 万人从四面八方同时向匈牙利发起疯狂进攻。不到 20

天，匈牙利军队就退到佩斯，多瑙河以西地区相继失陷。1849 年 1 月 5 日，匈牙利首都佩斯陷落了。

可到 4 月初，匈牙利军队就开始了大规模反攻，连战告捷。4 月 14 日，匈牙利议会通过了匈牙利《独立宣言》，废黜哈布斯堡王朝的统治，宣布匈牙利独立，科苏特当选为国家元首。匈牙利《独立宣言》具有巨大的革命意义，它进一步鼓舞了人民群众的斗志，震撼了奥地利帝国的统治。19 日，匈牙利军队在纳迪沙罗战役中击溃了奥军。奥军主力被粉碎后，匈牙利军队本应乘胜追击，一直攻进奥地利首都维也纳，彻底消灭奥皇军队，恢复维也纳的革命秩序。但是匈牙利军队没有进攻维也纳，而是于 5 月下旬攻克了佩斯。匈牙利的首都光复了，但是，也给了奥军重整军队、组织新进攻的时机。

匈牙利革命的巨大胜利，使国际反动派大为震惊。无力镇压匈牙利革命的奥皇急忙请求沙皇派兵援助，沙皇俄国也竭力主张镇压匈牙利革命。5 月 29 日，14 万沙皇俄国军队兵分两路进攻匈牙利。沙皇俄国出兵干涉，使匈牙利革命处于腹背受敌的境地。6 月，10 多万奥地利军队又从西面进攻，仅有 17 万的匈牙利军队不得不与 24 万奥俄军队两面作战。匈牙利军队怀着对祖国的无限热爱和对侵略者的满腔仇恨，同奥俄军队进行了激烈的战斗，多次击溃了奥俄军队的进攻。7 月上旬，匈牙利军队在科马罗姆同奥俄军队展开会战，遭到了惨重失败。此时在特兰西瓦尼亚战场上，贝姆将军指挥的匈军仍然在同奥俄联军进行着殊死战斗。这支部队在广大人民群众的热情支持下，采用机动灵活的战略战术，重创了奥俄联军，粉碎了他们的进攻，取得了辉煌战果。但是，这支疲惫不堪的部队在 7 月 31 日的吉格尔什瓦尔战役中被击败，裴多菲也在此役中英勇牺牲。

7 月中旬，俄国侵略军占领了匈牙利东部和东北部地区。8 月 13 日，匈牙利军队总指挥戈尔盖在维拉哥什向俄军缴械投降，无耻地出卖了匈牙利的革命成果。守卫在科马罗姆要塞的匈牙利军队也于9月底被迫向俄军投降，匈牙利民族解放战争最终失败。

匈牙利民族解放战争沉重打击了奥地利和匈牙利的封建制度，推动了匈牙利资本主义的进一步发展，为被压迫民族的解放斗争树立了光辉的榜样，在波澜壮阔的1848年欧洲革命史上写下了光辉的一页。它是具有全欧意义和深远历史意义的一场革命战争。

总之，1848年的欧洲革命范围广泛，遍及除俄国以外的欧洲大陆大部分地区。这是一场资产阶级性质的民族民主革命，它沉重地打击了欧洲的封建势力，彻底瓦解了维也纳体系，有利于资本主义的进一步发展。在这场革命中，无产阶级发挥了重要的作用。虽然革命暂时被扑灭，但是1848年革命的效果还是明显的，不久后，欧洲原来的封建势力逐渐削弱，一些民族独立国家建立起来。无产阶级的力量壮大起来，为马克思科学社会主义的理论形成提供了条件。

❖ 日本"明治维新"

日本在"明治维新"前是一个落后的闭关自守的封建国家。国家元首是天皇，朝廷设在京都。国家的实际统治权掌握在世袭的"征袭大将军"手中。从1603年德川幕府开始，幕府实际上成为拥有全权的中央权力机关。在德川幕府统治下，幕府将军把持着全国最高土地所有权，直辖约占全国耕地总面积的1/4的土地，是最大的封建领主。并且，它还掌握着全国的商业城市和矿山，垄断着对外贸易，控制了国家的经济命脉。在政治上，德川幕府名义上是"大将军"，实际上自称"大君"，对外代表国家，对内主持政府，大权独揽。最典型的是，幕府并不设在首都，而在江户办公，处理国家大事，往往自作主张，根本不把天皇放在眼里。

为了更加巩固自己的统治，幕府一方面拼命鼓吹儒家思想，尤其把中国宋朝理学家朱熹的学说定为国学，以禁锢人民的思想，压制他们的反抗情绪；另一方面，推行闭关自守的"锁国"政策，不同其他国家建立任何关系，把整个日本严密地封闭起来。

18 世纪后期，随着商品经济的发展，出现了新兴的地主阶级和商业资本家，他们为了争得政治上的地位，摆脱封建统治，对幕府制度产生强烈

明治天皇

的不满。而广大的人民群众不堪忍受苦难的生活，反抗的情绪也日趋高涨，接连爆发无数次农民起义和市民暴动。这些反抗斗争，严重地动摇了幕府的统治。

正当幕府惶惶不可终日之时，西方殖民主义列强大举入侵日本。1853 年，美国海军将领柏利率领舰队两次闯进江户湾，迫使日本开港通商。幕府屈服于列强的炮火，连续与列强签订了很多不平等条约和关税协定，出卖国家主权和民族利益。大批农民和手工业者因为外货的倾入而纷纷破产，日本人民受到双重的压迫和剥削，处境更加艰难。民族矛盾和阶级矛盾迅速激化，一场推翻封建幕府、争取民族独立的斗争迫在眉睫。

1865 年 12 月，长州藩讨幕派高杉晋作率领以农民为主体的"奇兵队"击败保守派，夺取了政权。随后，萨摩藩讨幕派西乡隆盛、大久保利通等人也控制了藩权。不久，这两股力量结成讨幕联盟，成为全国讨幕运动的核心。他们一方面实行政治、经济改革，以调动农民、商人和中下级武士的积极性；另一方面，在军事上武

装自己，购置大量的西方先进武器，与幕府军队抗衡。

1867 年，压制讨幕派的孝明天皇去世，不满 15 岁的明治天皇即位，宫廷形势开始向有利于讨幕派一方发展。10 月，萨摩、长州、安艺 3 藩讨幕派在京都召开秘密会议，决定以年幼的明治天皇的名义武装倒幕。他们一方面扩充兵力；另一方面秘密同天皇取得联系，准备发动宫廷政变，把德川将军赶下台去。明治天皇虽然年幼，可颇有见识，对幕府把持朝政也十分不满，当即答应与讨幕派联合起来，推翻幕府统治。于是，他就写了一份《讨幕密诏》，交到大久保利通他们手里。

紧接着，他们召集讨幕派的重要人物，于 1867 年 10 月上旬的一天，在京都天皇宫中的一间书房里，商量具体的对策。

德川庆喜听到风声，觉得形势对己不利，决定先发制人，主动辞职，以免与改革派正面冲突。

西南各诸侯不相信德川庆喜会轻易把政权交出，认为这是他的缓兵之计。大家讨论一番，一致同意以武力解决问题，给德川庆喜一个措手不及。于是，他们调兵遣将，很快把自己的部队调集到京都附近，准备发动宫廷政变。

1868 年 1 月 3 日，西南各诸侯率兵包围皇宫，解除德川幕府驻后宫警卫队的武装。他们簇拥着年少的明治天皇，召开御前会议，宣布"王政复古"，大权全归天皇掌握。明治天皇随即颁布诏书，决定建立由他领导的新的中央政府，并委派西乡隆盛和大久保利通这些改革派主管政事。

德川庆喜连夜逃出京都，退居大阪，集中了全部兵力，杀气腾腾地向京都进犯。他们打着"解救天皇，清除奸臣"的旗号，兵分两路，准备以钳形攻势夹击京都。

大久保利通、西乡隆盛、木户孝允等人以萨摩、长州、安艺诸藩的武装，在京都附近的鸟羽、优见两地迎击幕府军。明治天皇亲自到阵前督战，大村益次郎率领的装备精良的政府军，早已占据有利地形，架起了巨炮，静等幕府军的到来。

夜半时分，两军相遇，双方展开了大厮杀，只听炮声隆隆，杀声震天。幕府军虽然人数众多，但军心涣散，士气很低，刚一交战，便四处溃逃。而政府军却斗志旺盛，以一当十，越战越勇。

与此同时，改革派还提出"减免租税"、"四民平等"的口号，把农民和商人都争取到自己一边，以壮大自己声势。因此，由三井等富商资助的各种军用物资，源源不断地由市民群众送到前线，并有许多市民找出土枪、土炮直接参战。幕府军早已不得人心，面对铺天盖地而来的政府军和百姓，早已吓得魂不附体，纷纷投降。德川庆喜看到大势已去，长叹一声后仓皇撤退，逃到江户。

政府军不给对方以喘息之机，跟踪幕府残军，迅即包围江户。

德川庆喜看到自己的军队已经瓦解，江户的居民又不拥护自己，再战只有死路一条，于是决定放下武器，向天皇投降，被降为诸侯，取消一切权力。随后，政府军便开进江户。这样，统治日本长达200多年的德川幕府终于垮台了。

1868年3、4月，明治政府先后颁布了《五条誓文》和《政体书》，从而提出推行资本主义新政的基本方针，从1868年至1873年，大刀阔斧地开展了维新运动。接着，明治天皇将日本国的首都迁到江户，改名"东京"。

维新运动的主要内容是：收回封建地主领地、取消封建身份等级制、扶植资本主义工商业、破除封建主义旧文化等。

这些有利于发展资本主义的改革措施，使日本走上了资本主义道路，摆脱了沦为殖民地的危机，由一个落后的封建社会，逐步跻身于先进的资本主义行列。但是，由于当时日本资本主义的发展水平不高，资产阶级较为软弱，尚未形成独立的政治力量，因而国家的领导权落入中下级武士手中，他们虽然资产阶级化了，但仍保留着浓厚的封建主义因素，建立以天皇为核心的权力机构，灌输的忠君思想，强化了军国主义倾向，使日本由一个被侵略的国家，走上军国主义和侵略扩张的道路。

❖ 巴黎公社

巴黎公社是1871年法国无产阶级建立的工人革命政府，也是世界历史上第一个无产阶级专政的政权。巴黎公社起义是1871年3月18日至5月28日，巴黎工人阶级在广大民众的支持下，为推翻资产阶级的统治，建立无产阶级国家政权而进行的一次武装斗争。它以无产阶级推翻资本主义制度的具有世界意义的第一次演习的"身份"，载入了史册。

梯也尔

导致巴黎公社起义的直接原因是法国在普法战争中的惨败。1870年9月2日，被围困在色当的法王路易·波拿巴下令投降，帝国也就随着皇帝的投降而崩溃。9月4日，巴黎爆发革命，宣布成立第三共和国。由资产阶级共和派和奥尔良派分子组成的新政府，自称为"国防政府"。普鲁士并不满足于色当的胜利，继续大举进攻法国。9月19日，普军包围巴黎。为了保卫巴黎，巴黎工人阶级建立了国民自卫军，人数达30万人，由工人自己选举产生的国民自卫军中央委员会领导。这是一支与"国防政府"对立的政治力量。国防职府的首脑梯也尔就是1848年镇压巴黎"六月起义"的同谋，而当年起义的幸存者大多又参加了巴黎的工人武装。

这时，普军继续向法国内地推进，但"国防政府"不顾国家民族利益，向敌人屈辱求和，妄图把巴黎交给敌人，利用敌人之手镇压人民革命。于是普军得以长驱直入，包围巴黎，占领了法国1/3以上的国土。10月27日，17万法军向普鲁士投降。

1871年1月28日，"国防政府"同普鲁士签订了割地赔款的停战和约。2月17日，奥尔良党人首领梯也尔上台。由于与普鲁士达成妥协消除了后顾之忧，法国资产阶级便集中全力来对付国内无产阶级，特别是巴黎的工人武装，以图巩固自己的统治地位。1871年3月18日凌晨，资产阶级政府派军队偷袭蒙马特尔高地，企图一举夺取国民自卫军集中在那里的大炮，逮捕中央委员会成员。

当时，巴黎的国民自卫军有417门大炮，分别集中在蒙马特尔高地和梭蒙高地等地。3月18日凌晨5时，政府军一个团占领了蒙马特尔停炮场。枪声惊醒了附近居民，大炮被抢的消息迅速传开。该区的国民自卫军战士立即集合起来，包括许多妇女、儿童和老人在内的人民群众也随同一起拥上蒙马特尔高地。政府军士兵发生哗变，与人民群众联合行动，逮捕了反动军官、警察和宪兵。偷袭梭蒙高地的政府军也未能迅速把大炮拖走，很快就被赶到的国民自卫军击溃。

巴黎各地特别是工人区爆发的武装起义迅速展开。国民自卫军和人民群众自发拿起武器，建筑街垒，布置岗哨，派出巡逻队，集中分散的大炮。中央委员会采取紧急措施领导武装起义，占领了部分地区。中午以后，国民自卫军开始越出本区，向巴黎市中心挺进，起义由防御转入进攻。22时左右，国民自卫军进入市政厅，升起红旗。至此，中央委员会掌握了巴黎全城，武装起义推翻了梯也尔政权，取得了伟大成功。梯也尔反动政府匆忙逃往巴黎城郊的旧王宫——凡尔赛宫。

3月26日，巴黎公社进行了普选，一大批工人、社会主义者和

宣布巴黎公社成立

国际主义者加入了巴黎公社领导机构，一个崭新的无产阶级国家政权诞生了。

巴黎公社一开始就认识到，工人阶级一旦取得政权，就不能继续运用旧的国家机器来进行管理。他们一方面铲除全部旧的、一直被用来反对工人阶级的压迫机器。另一方面为了防范社会公仆变为社会主人，采取了两个可靠的办法：①公社把行政、司法和教育方面的一切职位交给由普选选出的人担任，而且规定选举者可以毫无例外地随时撤换被选举者；②公社对所有公务员，不论职位高低，都只付给跟其他工人同样的工资。

巴黎公社虽然存在的时间很短，但确实做到了"人民作了主，公仆都姓公"。公社委员会对人民负责，受人民监督；它制定法律，又负责执行法律；它既是代表人民利益的权力机关，又是效率极高的工作机关。在公社委员会内部实行民主集中制，一切重大决策和法令都由集体讨论决定，在充分展开讨论和争论的基础上，按照少数服从多数的原则形成决议。公社委员和各区工作人员以身作则，废寝忘食地为人民服务。他们在最困难、最复杂的情况下，公开地、朴实地、光明正大地进行工作，不自以为是，不埋头在文牍主义的办公室里，不以承认错误为耻而勇于改正错误。

巴黎公社成立后的 2 个月里施行了许多具有深远影响的重大措施：宣布公社委员会是取代旧政府的唯一政权，新建 10 个委员会以取代过去政府的各部门；取消征兵制和常备军，宣布以工人为主体的国民自卫军是唯一的武装力量；实行民主选举与群众监督相结合的民主制度；废除高薪，实行兼职不兼薪的制度。公社还颁布了一系列保护劳工的法令。这些措施为无产阶级政权建设提供了宝贵经验，丰富和发展了科学社会主义理论。

这时，逃往凡尔赛的梯也尔政府并没有足够的实力来对付巴黎公社。但公社却没有乘胜追击，直捣反革命巢穴。为了夺回巴黎，梯也尔不惜与民族仇敌勾结，与普鲁士签订了《法兰克福和约》。普鲁士答应放回 10 万名法国战俘，并同意凡尔赛军可通过普军阵地去进攻巴黎。梯也尔将军队整编为 2 个军，加上普军后来释放的战俘，共约 11 万人，与东面和北面的普军对巴黎形成了包围。

公社方面仅有 1.6 万作战部队和 4.5 万预备部队。公社虽然拥有 1200 门大炮，但由于组织不善，能够配置使用的只有 200 门，而且缺少熟练炮手。为了保卫革命成果，公社战士与敌人浴血奋战。4 月 7 日，凡尔赛军队依仗优势炮火攻占了讷伊桥和附近据点。巴黎城防司令东布罗夫斯基率领西线 5000 名士兵、装备很差的部队，同 9 倍于己的敌人激战。17 日，250 名公社战士在贝康城堡抗击 5000 名敌军进攻达 6 个小时。21 日，在讷伊方向坚守的公社战士日夜作战，与敌人展开肉搏，击退了强渡塞纳河的敌人。在南线，凡尔赛军为夺取伊西和旺夫炮台，不惜用数百门重炮轰击炮台，公社战士为守卫炮台顽强战斗。

到 4 月底，公社守住了巴黎西线和南线，给凡尔赛军军力以大量消耗。5 月初，公社调整了巴黎防御部署，东布罗夫斯基指挥第一军在西线抗击敌人 6 个步兵师和 1 个骑兵队的猛攻，公社战士充分利用 5 辆装甲车和塞纳河上的 10 艘炮艇与敌人厮杀，不仅以少量兵力顶住了敌军主力的进攻，而且支援了南线作战。5 月 3 日夜，防守木兰—萨克多面堡的第 55 营军官叛变，敌军突然占领了南线这个主要据点，数百名公社战士阵亡或被俘。接着凡尔赛军发起全线总攻，8 日，伊西炮台失守。公社虽在此时加强了军事指挥，但大局已难挽回。13 日，旺夫炮台被攻克。在西线，8000 名连续作战、疲惫不堪的公社战士与 8 万名装备精良的敌人作战，有时还主动出击。但从 5 月 17 日起，凡尔赛军集中重炮开始猛轰巴黎，并集中了 13 万人准备进攻巴黎。

5 月 21 日下午，凡尔赛军从圣·克卢门进入巴黎，一场震撼世界的流血大巷战开始了。为保卫公社政权，巴黎无产阶级和广大人民群众奋起抗敌，他们在街道和广场筑起街垒，不论男女老少，人人拿起武器同敌人进行殊死的战斗。22 日拂晓，敌军 12 个师约 10 万人进占了巴黎大部分市区。25 日，公社战士同敌人展开了激烈战斗。在塞纳河左岸，公社战士与敌人进行白刃战，直到被敌人包围，才撤过塞纳河。27 日，敌军开始围攻最后 2 个工人区，在拉雪兹神甫墓地 200 名公社战士与凡尔赛士兵展开肉搏，战至傍晚，大部分公社战士壮烈牺牲，被俘战士全部被枪杀在墓地的一堵墙前。这堵墙就是永为世界无产阶级纪念的"公社社员墙"。28 日 16 时，公社战士坚守的最后一个街垒被攻克。

梯也尔政府对公社社员进行了血腥镇压，大屠杀整整持续了 1 个多月，2 万人未经审讯就被枪杀，加上在战斗中牺牲的，总计 3 万多人，逮捕、监禁、流放、驱逐的人达 10 万以上。

巴黎公社虽然只存在了 2 个多月的时间，但它是无产阶级推翻资产阶级统治、建立无产阶级专政的一次伟大尝试，为无产阶级国际共产主义运动提供了丰富而宝贵的经验。公社战士高昂的革命斗志永远激励着世界无产阶级起来进行斗争。它的经验教训更是世界

无产阶级革命的宝贵财富。

❖ 俾斯麦统一德国

1848 年，德国也曾发生了旨在统一德国的革命行动，但是那次革命最终还是失败了。"1848 革命"失败后，整个德意志依然在政治上和经济上处于分裂状态，封建制度仍然统治着德意志各个城邦，有些城邦甚至更加封建、反动。例如，奥地利于 1851 年正式废除了 1848 年的《帝国宪法》，恢复封建君主的专制统治；普鲁士于 1850 年颁布《钦定宪法》，加强君主统治。

进入 19 世纪 50 ~ 60 年代后，德国的资本主义经济有了很大程度的发展。从 1850 年到 1870 年，德国的工业总产值增长了 1 倍，重工业部门的生产产量每 10 年翻 1 倍；1846 年，整个德国的机器制造厂只有 131 家，到了 1861 年年底的时候，这个数字已经变成 300 多家；钢铁产量从 1850 年到 1860 年增长了 2 倍多；轻工业的发展也很迅速，1849 年有纺织机器 5018 台，到 1861 年就变成 15258 台了。到 19 世纪 60 年代，整个德国的工业发展已经超过了法国，居世界第三位。

德国资本主义的发展，和各城邦分裂割据的格局产生了尖锐的矛盾。各城邦的分裂，造成德国政治政策、经济政策的不相同，货币、度量等都不同；各个城邦之间婚姻和居住制度的约束，使得工人和资本家不能自由流通，资本家因此不能自由支配工人；分裂的德国，使得德国资产阶级在国际市场上的竞争能力受到限制。因此，建立统一的德意志帝国，成为资本主义进一步发展的前提。

但是在采用何种方式来达到统一的目的的时候，资产阶级内部却发出了不同的声音。普鲁士和德意志北部各城邦的资产阶级主张把奥地利排除在统一德国的外面，由普鲁士领导德国统一，鼓吹"小德意志方案"；而奥地利和西南一些资产阶级则认为把德意志联邦改组成以奥地利为首的瑞士式联邦共和国，在奥地利的霸权下，建立一个"中欧大国"，这就是"大德意志方案"。

奥地利当时是德意志联邦议会的主席，因此在德国具有比较大的政治影响。但是它的经济发展比较落后，导致其境内的矛盾比较多。因此，奥地利本身并不希望能有一个统一的德国，反而希望赢得各个城邦的支持来维护目前城邦分裂的状态。

普鲁士是德意志各个城邦中领土面积最大，资本主义经济最发达的地区，拥有莱茵、西里西亚、柏林等德国先进的工业区。经济的发展，使得普鲁士和奥地利相比有比较优厚的物质优势，也使它具有更为强烈的统一要求。1834年，普鲁士带领几个城邦建立了德意志关税同盟，以发展资本主义经济。到19世纪60年代，在小德意志地区已经形成了一个"一体化"的经济区。

普鲁士和奥地利都认为应该由自己来领导统一德意志，因此双方自1850年开始展开了争夺德意志霸权的斗争。1850年春，奥地利主动向普鲁士发起军事进攻。5月，奥地利在法兰克福召开会议，决定恢复全德议会，并由奥、普轮流担任主席。但是，普鲁士对此决议予以断然拒绝。

60年代后，普鲁士为了和奥地利争夺领导权，准备大力扩军备战，进行积极的军事改革。1860年，普鲁士威廉一世政府向议会提交军队改革方案，要求扩大军费支出。但是以资产阶级为代表的议员们害怕更加强大的军队可能进一步加强普鲁士王朝的专制统治，不利于资产阶级分享政权，因此否决了国王的要求。威廉一世一怒之下解散了议会。次年，普鲁士议会重新改选，但是资产阶级建立的"自由党"在选举中获得多数票，再次否决了国王的军事改革

方案。

威廉一世无法在议会中贯彻自己的意志，又不能违背议会的意志而强行进行军事改革。恼怒之极的威廉一世此时甚至拟定要退位，放弃王位。这时，陆军大臣请威廉一世起用普鲁士驻法大使奥托·冯·俾斯麦。1862 年 9 月，威廉一世任命俾斯麦为宰相兼外交大臣。

1815 年，奥托·冯·俾斯麦出生于普鲁士雪恩豪森一个大容克（指普鲁士的贵族和大地主）贵族家庭，他的童年是在他父亲的庄园里度过的。贵族的家庭，养成了他强暴蛮横、凶悍粗野的性格。1835年，俾斯麦从柏林大学毕业，然后回到老家管理自己的两处世袭领地。作为贵族，俾斯麦再次以粗野的个性、对待农民的残忍、追求目标的毅力和不择手段以及现实主义的态度而闻名当地。

"铁血宰相"俾斯麦

在 19 世纪 40 年代，俾斯麦政治上属于顽固的保守派，热烈拥护普鲁士王权和贵族的特权。1848 年革命时，俾斯麦在自己领地上组织军队，准备前往柏林武力镇压革命。面对法兰克福全德国民议会中资产阶级代表们的高谈阔论，俾斯麦非常反感，并且主张用武力把它驱散。

19 世纪 50 年代后，俾斯麦的政治立场发生了变化。他在任职期间，深受资产阶级思想的影响，逐渐成为资产阶级化的容克。俾斯麦认为，德国的统一是无法阻止的，而且应该由普鲁士领导这场统一运动，只有这样才能挽救普鲁士君主政体和容克利益。同时，俾斯麦清楚地认识到，法国和俄国等欧洲列强都会阻止德国的统一，在德国内部，普鲁士的霸权也会遇到奥地利的坚决反抗。因此，俾斯麦认为要统一德国，必须用武力和战争作为后盾。

在俾斯麦被任命为宰相后，他于 9 月在普鲁士议会上发表了他的首次演说。他大声宣称："德国所注意的不是普鲁士的自由主义，而是权力……普鲁士必须积聚自己的力量以待有利时机，这样的时机我们已经错过了好几次……当代的重大问题不是通过演说与多数人的决议所能解决的——这正是 1848 年和 1849 年的错误——而是要用铁和血。"由此，他获得了"铁血宰相"的称呼，其采取的政策也被认为是"铁血政策"。

上任伊始，俾斯麦就开始了和议会之间长达 4 年的"宪法纠纷"。俾斯麦认为，议会里的那些资产阶级议员只会吵吵嚷嚷，他们懦弱无能，根本没有实力和政府对抗。因此，他干脆一脚踢开议会，根本不害怕议会指控政府"违背宪法"，照旧进行军事改革，扩大军队，并解散了众议院，下令关闭自由派的报纸。

1864 年，俾斯麦挑起对丹麦的战争，迈出了统一德国的第一步，战争的导火索是什列思维希—霍尔斯坦问题。什列思维希、霍尔斯坦是位于波罗的海和北海之间的两个公国，是德意志联邦的成员，同时也是丹麦国王的个人领地，但并没有和丹麦合并，成为德国和丹麦事实上的边界。什列思维希的大多数居民是丹麦人，而霍尔斯坦则以德意志人居多。1863 年 3 月，丹麦国王颁布了一部适用于全国各州的宪法，把什列思维希纳入了丹麦。同年 11 月，丹麦政府向德意志联邦议会提交了这份宪法，此举意味着丹麦对什列思维希事实上的兼并。不久，丹麦新任国王正式签署了《十一月宪章》，目的在于直接兼并这两个公国。

德国国内对丹麦国王的举动感到异常愤怒，纷纷声援两公国的独立行动。俾斯麦抓住这一机会，在取得俄国和法国不干涉德国事务的保证下，和奥地利结成反丹麦联盟，并在"为德意志民族利益"的口号下开始对丹麦宣战。1864 年 2 月，普奥联军在普鲁士陆军元帅的指挥下进军什列思维希，并于 18 日发起总攻击。战争进行得非常顺利，到 10 月 30 日，普奥联军和丹麦在维也纳正式签订《维也纳和约》。《维也纳和约》规定：什列思维希、霍尔斯坦以及另外一个小公国劳恩堡脱离丹麦，交给普鲁士和奥地利共同管理。德国和丹麦的战争结束。

此后，普奥双方开始瓜分战利品。后来达成的协议是：什列思维希归普鲁士管辖，霍尔斯坦归奥地利管辖，普鲁士向奥地利支付 250 万塔勒得到了小公国劳恩堡。但是这个和约造成的政治、行政管理的混乱状态，为后来俾斯麦挑起普奥战争埋下了伏笔。

在完成对丹麦的战争后，俾斯麦将枪炮对准了奥地利，准备发动对奥地利的战争。1866 年 6 月 1 日，奥地利驻法兰克福代表宣布，两公国的前途应该由联邦议会决定。俾斯麦据此攻击奥地利单方面讨论这一地区未来归属问题而破坏了普奥原来签订的协议，派兵进入霍尔斯坦。10 日，普鲁士公布了《联邦改革纲要》，要求把奥地利开除德意志联邦；奥地利则呼吁其他各邦行动起来反对普鲁士。

14 日，联邦议会以多数票数通过了反对普鲁士的方案。俾斯麦见此后发表声明：联邦议会无权以这种方式对待它的成员，联邦宪法已遭到破坏，并要求解散联邦议会。17 日，奥地利发布宣战书，普鲁士也马上对奥地利宣战。普奥战争爆发。

战争开始后，普军很快攻入汉诺威、黑森加塞尔以及萨克森，迫使他们投降。7 月 3 日，普鲁士军队和奥地利、萨克森联军集结于萨多瓦村附近展开决战，阵容十分强大：奥萨联军的数量达到了 24 万，普军则有 29 万。俾斯麦下决心在此战役中击溃奥军主力。

结果，奥地利军队大败。普军乘胜追击，于 7 月 14 日逼近奥地利首府维也纳。奥地利皇帝此时急忙要求拿破仑三世进行调停。考虑到如果战争继续进行下去，将导致法国的强行干涉，甚至可能导致奥地利国内爆发革命，俾斯麦说服了普鲁士国王，和奥地利国王

青少年必看的

回眸历史书系

签订了《布拉格和约》。《布拉格和约》规定：奥地利宣布退出德意志联邦，并将法兰克福等 4 个邦国和 1 个自由市让归普鲁士，双方不干涉巴伐利亚等南方诸邦的独立自治。

普奥战争的胜利，使普鲁士基本上统一了德意志。1867 年，德国成立了以普鲁士为中心的北德意志联邦，包括了 21 个邦和 3 个自由市。同时，国内对俾斯麦另眼看待，资产阶级热烈拥护俾斯麦的政策，并且追认军事开支预算，长达 4 年的"宪法纠纷"也宣告结束。但是由于拿破仑三世的阻挠，南方 4 邦还保持着独立地位，并没有加入北德意志联邦。

为了实现德国的最后统一，俾斯麦不得不准备和法国作战，这是他实现德国统一的第三步。1866 年后，普奥战争结束后，法国和普鲁士都加紧军事备战。1870 年 7 月，普法战争爆发。在战争爆发后，拿破仑三世曾吹嘘说："这只是一次到柏林的军事散步。"但是由于法国对德国事务的不断干涉而激起德国民族运动的高涨，同时欧洲列强因同法国有矛盾而宣告"中立"，装备精良的普军很快就攻入了法国境内。经过色当决战，法军宣布投降，拿破仑三世也成了普军的俘虏。

法国战败后，南方各邦相继于 1870 年年底宣布加入北德意志联邦。12 月 9 日，经过联邦国会同意，北德意志联邦改名为德意志帝国。1871 年 1 月 18 日，俾斯麦在法国的凡尔赛宫正式宣告统一的德意志帝国成立。威廉一世为德意志帝国皇帝，俾斯麦就任帝国宰相。同年 4 月，德意志帝国议会批准了德意志帝国的宪法。

大清王朝曾是中国历史上规模最为庞大的帝国，也是当时世界上幅员最辽阔的国家。"康乾盛世"更是中华民族历史上一个空前的辉煌盛世。但是高度集权的僵化体制和残酷野蛮的思想禁锢，使整个社会逐渐丧失了进行各种创新的动力和能力，也使原来的太平盛世成为"落日的辉煌"。在清朝后期，巨大的社会财富被骄奢淫逸的皇室和贪官污吏们消耗殆尽，迅速膨胀起来的人口，使中国人多地少的主要矛盾空前激化，造成对社会安定的巨大威胁。

从 1840 年鸦片战争开始，外国势力开始逐步进入中国，并且通过第二次鸦片战争、中日甲午战争、八国联军入侵等进一步削弱了清朝的势力。在外部世界的挑战和威胁面前，清王朝却在处心积虑地压制中国社会内部求新求变的努力。1898 年开始的"百日维新"就是一个很好的例子。

在自上而下的政治改革失败后，社会下层的华侨、留学生、会党不可避免地成

"国父"孙中山

为变革的主要动力。这样，由孙中山领导的社会革命即将展开。

1866 年 11 月 12 日，孙中山出生在现广东中山市翠亨村。12 岁那年，孙中山终于第一次走出家门和国门，远渡重洋到檀香山投奔大哥孙眉。在那里，孙中山接受了美国的现代教育，吸收了现代文明社会的思想。

1894 年春天，孙中山上书当时的北洋大臣兼直隶总督李鸿章，

要求变法图强。但是当时正为中日关系感到焦头烂额的李鸿章，根本就未曾理会这个来自岭南的"狂生"。这使孙中山清楚地认识到，自己的革新理想和人生抱负很难通过常规途径在既有的中国社会中实现了。因此，他决定选择暴力革命来达到革新的目的。

1894 年 11 月，孙中山在檀香山建立革命团体兴中会，次年初在香港成立兴中会总部，并开始准备用武装斗争推翻清王朝统治，初步确定在 1895 年 9 月 9 日重阳节发动广州起义。1905 年 8 月，第一个统一的全国性的资产阶级革命政党中国同盟会在日本东京成立，公举孙中山为总理，并且确定了"驱除鞑虏，恢复中华，建立民国，平均地权"的革命纲领。同时，革命党人积极联络海外爱国华侨，动员国内会党和新军，从 1906 到 1908 年，先后在中国的中南部地区发动了 7 次武装起义。虽然这些起义都失败了，却促进了全国革命高潮的到来。

1908 年，慈禧太后和光绪皇帝相继去世，剩下光绪皇帝的遗孀隆裕太后和年仅 6 岁的小皇帝溥仪，清朝在内忧外患中失去了舵手。由于要向八国联军支付巨额庚子赔款，几年间全国的税率增加了 1 倍多，造成本来就极端贫困的民众怨声沸腾。国内的形势为同盟会等秘密团体在全国发展组织、宣传共和思想、准备起义准备了火种。

1911 年 4 月 27 日，也就是辛亥年 3 月 29 日，在清朝专制统治下的广州，响起了一阵阵枪声、炸弹声、冲杀声和尸体倒下的声音，黄兴领导 100 多个革命志士，毅然地向总督衙门发起进攻，史称"广州黄花岗起义"。这次起义在敌人强大的火力下失败了。不久，湘、鄂、川、粤 4 省掀起保路风潮，成为辛亥革命的导火线。

广州黄花岗起义失败后，在上海同盟会中部总会决定策划长江流域起义，并派人到武汉与当地的文学社、共进会等进步团体联系。武汉历来有革命的传统。早在 1904 年，宋教仁等人就在武汉秘密组建了革命团体"科学补习所"，以补习科学为名，秘密进行革命思想的宣传活动。革命者还去参加新军，在军队中发展新的革命者。武汉驻守着清朝新军大约16000人，其中5000多人参加了当地的革命团体文学社和共进会。

经过几个月的协商和计划，同盟会、文学社和共进会这几个革命团体于8月最终决定联合起义。

这期间，湘、鄂、粤、川等地爆发了保路运动，并发展成保路起义。清朝对此非常惊恐，四处调兵遣将前往镇压。9月21日，朝廷命令驻守武汉的大部分军队兵力迅速抵川，驻守在武汉的兵力只剩下约7000余人，其中参加文学社、共进会等革命团体和倾向革命的兵士约占1/3以上。

9月24日，文学社和共进会在武昌胭脂巷11号召开联合会议，议决了发动起义的计划，文学社负责人蒋翊武被推举为革命军总指挥，共进会负责人孙武被推举为参谋长。起义日期初步定为1911年10月6日（中秋节）。但是由于在各人分途准备中感到时间紧迫，起义日期又延迟到10月11日。

10月9日，孙武在汉口俄租界宝善里14号制造炸弹时不慎爆炸。俄国巡捕闻声前往搜查，虽然孙武等人得以脱逃，但起义的文件、印信、旗帜等重要机密被巡捕搜走并被报告给了当地政府。湖广总督闻讯后，感到事态紧急，立即下令全城戒严，搜查革命机关，按名册搜捕革命党人。武昌的革命机关遭到破坏。

当日下午5时左右，当时正在小朝街起义总指挥部的蒋翊武、刘复基等负责人得知汉口出事后，觉得如果不尽快动手，就将坐以待毙，于是决定将起义时间提前至当晚12时。但是当晚小朝街起义总指挥部被清军包围，除蒋翊武因身着长袍未被军警注意而逃脱外，刘复基等人被捕。当晚12点起义的计划也未能实现。

10月10日晨，刘复基等3个革命者在湖广总督署英勇就义。消息传开后，新军中的革命党人自动联络，决定起义。当晚，驻守在

中和门内的第8营营房发生兵士哗变，有几个官佐被击毙。该营革命党总代表、新军后队正目（相当于班长）熊秉坤见状，立即率领数十名起义士兵占领了军械库，并发放枪械。

由于孙武负伤住院，蒋翊武在军警搜捕时脱逃，其他起义领导人基本上都被捕或牺牲，因此起义现场群龙无首，无法统一指挥。此时，熊秉坤邀请工程营左队军官（相当于连长）、原日知会会员吴兆麟任临时总指挥。在吴兆麟的指挥下，城内外得知事起的革命部队纷纷向楚望台集结。晚上11点左右，革命军分3路向总督署发起猛攻，但是由于清兵火力强大，革命军并没有攻下总督署。

午夜，革命军发起第二次进攻。为了提高炮弹打击总督署的命中率，有人冒死冲往督署附近纵火，以火光为标志。这一招非常奏效，总督署签押房被革命军炮弹击中。湖广总督看到自己大势已去，慌忙中命令士兵打破署院后墙而逃上往长江的一艘兵舰。

在革命军猛烈的炮火攻击下，11日早上，革命军终于攻克了总督署。至12日早上，革命军已经占领了汉阳、汉口和武昌，武汉3镇完全光复，武昌起义获得胜利。武昌起义掀起了席卷全国的反清革命高潮，由于1911年是中国农历的辛亥年，因此史称"辛亥革命"。

11日，革命军在武汉成立了湖北军政府。由于孙中山当时远在美国的丹佛，黄兴等领导人也无法赶到武昌，原来准备武昌起义的领导人也或被捕或就义，因此湖北军政府成立后，群龙无首。为了尽快稳定局面，革命党人认为只有社会上有"名望"的人才能组织政府，于是邀请新军第21混成协协长黎元洪担任湖北军政府都督。

黎元洪是当时仍留在武昌城内的最高级别军官，早年曾留学德国学习军事。起初，黎元洪觉得革命政府不会存在太长时间，向革命军推脱不肯上任。5天之后，他觉得清朝真的是气数已尽，才宣誓就职。在他上台之后，湖北军政府被改组，一些反动官僚纷纷进入政府，立宪党人控制了湖北军政府。

不久，军政府宣布废除"宣统"年号，改国号为"中华民国"，并颁布了《中华民国鄂州约法》，规定主权属于人民。同时，军政府发布文告，号召各省起义，摆脱清朝政府的统治。各地革命党人在武昌起义的影响下，纷纷发动起义响应和支援武汉。不久，湖南、陕西、江西等地也纷纷宣布独立。在不到两个月的时间里，中国18个行省中就有14个宣布反正，与清廷脱离关系。

11月28日，黄兴乘轮船到达上海。12月2日，革命军占领了南京，至此，革命的领导中心从武汉转到了南京。1911年12月25日，孙中山抵达上海，受到各省代表的隆重欢迎。29日，孙中山以绝对多数的票数当选为中华民国第一任临时大总统。1912年1月1日，中华民国临时政府在古都南京宣告成立，孙中山宣誓就任；28日，各省代表会议改组为临时参议院，为临时政府的最高立法机关。同时，孙中山发布了《临时大总统就职宣言》和《告全国同胞书》。

新政府的成立，使中国社会出现了新气象，社会生活各个方面开始发生一系列变化。男人身后不再拖着一条大辫子，是当时最明显的变化之一。对于许多中国人来说，推翻清王朝的革命，就是从剪辫子开始的。

此外，临时政府还颁布了一系列反映资产阶级利益、发展资本主义经济的政策和法令。其中包括：各省官厅销毁刑具，严厉禁止刑讯；禁止人口买卖；取消清朝法令中有关"贱民"的条令；鼓励兴办工商业，振兴农业；保护并奖励华侨在国内的投资；普及教育，改编教科书，删除其中的封建内容。应该说，这些措施促进了民族资本主义在中国的发展和民主观念在中国的传播。

3月11日，参议院颁布《中华民国临时约法》。在该《约法》中，临时政府按照西方资产阶级的民主制度建立了立法、行政和司法"三权分立"的原则，期望能够在中国建立一个实行议会制和内阁制的资产阶级共和国。

武昌起义后 3 个多月，袁世凯在得到孙中山如果劝清廷退位，就将总统之位相让的许诺后，便进宫假惺惺地流着泪劝隆裕太后退位，这个光绪帝的遗孀只顾哭啼，全无主意。而原来高高在上的清朝王爷们，个个束手无策。得了袁世凯大把银子的太监小德张，在太后的耳边不停念叨："如果不早点答应袁世凯的要求，等革命党打到北京，那优待条件可就没了！"

1912 年 2 月 12 日，在换得民国保护旗人生命财产，给予逊帝溥仪"尊号不变"和重金供养的优待条件后，清朝终于发表了退位诏书。得到西方列强青睐的袁世凯，在南京临时政府成立后，加快了他全盘接收辛亥革命成果的步伐。次日，袁世凯致电南京临时政府宣布赞成共和。孙中山随即按事先的约定，向中华民国临时参议院提出辞呈，并推荐袁世凯继任中华民国大总统。不久，袁世凯宣布就任中华民国总统。

辛亥革命具有重大的历史意义。第一，辛亥革命推翻了统治中国 260 多年的清王朝，结束了中国 2000 多年的封建君主专制制度，建立起资产阶级共和国，推动了历史的前进。辛亥革命使人民获得了一些民主和共和的权利，从此，民主共和的观念深入人心。在以后的历史进程中，无论谁想做皇帝，无论谁想复辟帝制，都在人民的反对下迅速垮台。第二，辛亥革命推翻了"洋人的朝廷"，也就沉重打击了帝国主义的侵略势力。辛亥革命以后，帝国主义不得不一再更换他们的在华代理人，但再也找不到能够控制全局的统治工具，再也无力在中国建立比较稳定的统治秩序。第三，辛亥革命为民族资本主义的发展创造了有利的条件。民国建立以后，国内实业集团纷纷成立，开工厂、设银行成为风气。民族资本主义的经济力量在短短的几年内就有了显著的增长，无产阶级队伍也迅速壮大起来。第四，辛亥革命对近代亚洲各国被压迫民族的解放运动，产生了比较广泛的影响，特别是对越南、印度尼西亚等国的反对殖民主义的斗争起了推动作用，在亚洲的历史上也是一次伟大的转折。列宁把辛亥革命视为"亚洲的觉醒"。辛亥革命在亚洲打响了民主的第一枪。

❖ 十月革命

1917 年，对俄国人民来说，是惊心动魄的一年，也是欢欣鼓舞的一年。在不到一年的时间内，先后发生了资产阶级革命和无产阶级革命，诞生了一个崭新的国家，震撼了世界。在推翻沙皇统治后，俄国布尔什维克党在列宁的领导下，发动"十月革命"，推翻了资产阶级政权，建立了世界上第一个社会主义国家。

列宁和斯大林在一起

弗拉基米尔·伊里奇·列宁，1870 年 4 月 22 日出生于俄国辛比尔斯克的一个贵族家庭，父亲从事国民教育事业。哥哥亚历山大在青年时期就和俄国一些正直的知识分子在一起，组织了"民意党"。1887 年 5 月 8 日，哥哥因为刺杀沙皇未遂而被杀。

就在这一年秋天，列宁全家迁往喀山，他也进入喀山大学学习法律。在这里，列宁阅读了马克思的《资本论》，并且加入了马克思主义小组，成为马克思主义的忠实拥护者。同时，他向同学们介绍马克思主义，鼓动大家同沙皇政府作坚决斗争。

1889 年，列宁搬到萨马拉。在这里，列宁刻苦学习，自学完了大学 4 年的课程。两年后，列宁以校外生的资格，参加了彼得堡大学法律系的国家考试，被授予最优等的毕业文凭，获得注册助理律师资格。

1893 年 8 月底，23 岁的列宁来到了俄国的政治中心彼得堡。到这里后，列宁和当地的马克思主义小组取得了联系。在他的倡导下，彼得堡的 20 个独立的共产主义小组联合成立了"工人阶级解放斗争协会"的秘密组织。

这一年，列宁被沙皇当局逮捕入狱。在狱中，列宁完成了《俄国资本主义的发展》一书的大部分书稿。1 年 2 个月后，列宁再次被流放到西伯利亚东部一个荒僻的村庄。在 3 年的流放生活中，列宁完成了《俄国资本主义的发展》，另外还写了几十篇文章。此外，列宁还认真思考革命问题，勾勒了一个较为成熟的革命计划。

当列宁还在狱中的时候，分散在彼得堡、莫斯科等地的"工人阶级解放斗争协会"于 1898 年在明斯克召开会议，成立了"俄国社会民主工党"。1903 年，俄国社会民主工党在比利时王国的首都布鲁塞尔召开第二次会议。大会将"无产阶级专政"写入了党纲。经投票选举出的党中央机关，以列宁为代表的马克思主义者获得了多数票，被称为"布尔什维克"。1912 年，俄国社会民主党正式宣告成立。

从 19 世纪末到 20 世纪初，沙皇俄国的统治逐渐出现危机。1905～1907 年，俄国爆发了第一次资产阶级民主革命。虽然遭到镇压，但是对俄国产生了深远的影响。为了转移国内的视线和扩大对外掠夺，沙皇尼古拉二世派兵参加了第一次世界大战。

但是在第一次世界大战爆发后，俄国节节败退，损失惨重。1914～1917 年，俄国有 1400 万人去服兵役，其中几百万人战死沙场。战争同时给国内经济带来了灾难：物价飞涨，物资奇缺，人民甚至难以过生活。到 1917 年 1 月底，彼得格勒只剩下仅够吃 10 天的面粉和 3 天的油脂。

因此，国内反对沙皇政府的斗争此起彼伏。从 1916 年到 1917 年，俄国更换了 4 个首相、6 个内务大臣、4 个军事大臣和 3 个外交大臣。为了对付国内的不稳定因素，尼古拉二世决定和德国单方面谈判，退出战争。但是这个决议受到英、法等国的拒绝，同时也使得国内资产阶级大为不满，他们希望通过战争以获得更大利益。

1917 年初，俄国发生了更大的经济危机，大量工人失业，无产阶级的生活条件更加恶化。1 月，彼得格勒 5 万工人在布尔什维克的领导下上街游行。2 月 23 日，工人们再次游行，高呼"打倒战争"、"打倒专制"的口号。25 日，游行队伍扩大到了 30 万人。尼古拉二世慌了阵脚，决定采取暴力驱赶游行队伍。25 日晚，沙皇派人逮捕了布尔什维克彼得格勒委员会的 5 个领导人。26 日，军警打死 40 多名游行工人。于是，布尔什维克决定武装起义，推翻沙皇统治。当晚，布尔什维克组织了 600 人的起义队伍，到 27 日夜晚，起义队伍已经扩大到了 7 万人。

27 日，党中央发表了《告全体俄国公民书》，号召全国人民起来推翻沙皇统治，建立民主共和国。28 日，起义军占领了海军部和沙皇的巢穴冬宫，逮捕了沙皇政府的大部分高级官员。此时，尼古拉二世急忙从前线调回军队镇压起义。但是沙皇士兵在革命者的劝说下发生了兵变，宣布和起义军站在同一战线。就在同日，彼得格勒士兵苏维埃和工人苏维埃联合成立了彼得格勒工兵代表苏维埃。

同时，资产阶级也出来掠夺革命果实，于 27 日成立了国家杜马临时委员会，并于 3 月 2 日成立了临时政府。就这样，俄国暂时出现了两个政权并存的局面。彼得格勒起义的胜利，结束了俄国长达 300 年的罗曼诺夫王朝的统治。

4 月 16 日，列宁从瑞士回到彼得格勒。次日，他发表了后来被称为《四月提纲》的著名讲话，提出了"全部政权归苏维埃"的口号。列宁认为，这次革命的最终目标应将"资产阶级革命"变为

"无产阶级革命"，在俄国实现"无产阶级专政"。

5月初，临时政府向协约国发出照会，声称俄国将保证遵守沙皇政府和外国签订的一切条约，决定把第一次世界大战进行到底。这一消息传开后，引起了彼得格勒苏维埃政权的反对。5月4日，彼得格勒10万工人和士兵走上街头进行游行示威，抗议临时政府继续参加战争。临时政府不得不解除发出上述照会的临时政府外交部长。

1917年7月1日，彼得格勒40万工人、士兵再次上街游行，要求"全部政权归苏维埃"。就在同一天，临时政府下令西南前线的30多万俄军在利沃夫向德奥联军发动大规模的军事反攻，但是遭到了惨重打击。

这一消息更加激起工人们的愤慨。7月17日，列宁赶到了彼得格勒。考虑到当时武装革命的条件还不成熟，布尔什维克中央决定游行以和平请愿为主。但是临时政府和苏维埃中的社会革命党人决定要镇压工人们的和平游行。当日，临时政府派出大量军警向和平示威群众开枪射击，当场打死400多人。接着，临时政府到处搜捕布尔什维克领导人，强行解除工人武装，同时派人搜捕列宁。

布尔什维克此时不得不转入地下，列宁也被暂时护送到彼得格勒附近的拉兹里夫湖畔的一个草棚里。8月8日，布尔什维克根据列宁的指示，在彼得格勒秘密召开了第六次代表大会。斯大林根据列宁的指示，主持了这次会议。在这次会议上，通过了武装夺取政权的方针，并号召全党为准备武装起义而斗争。

同年9月，列宁又被迫流亡到了芬兰。在芬兰期间，列宁又完成了著名的《国家与革命》这部著作。

8月25~28日，临时政府首脑克伦斯基在莫斯科召开了"国务会议"。在会议上，俄军最高司令科尔尼洛夫积极煽动武装叛乱，妄图建立军事独裁政权。9月7日，他借口镇压布尔什维克，打着

"保卫首都"的旗号，命令俄军某部队从前线开回彼得格勒，企图武装叛乱。克伦斯基此时不得不求助于布尔什维克，请求武装首都工人平息叛乱。在布尔什维克和武装工人的支持下，叛乱被平息。

这场斗争胜利之后，布尔什维克在俄国的力量大为上升，而临时政府则处于孤立的地位，工人再次获得了武装。鉴于此，列宁认为武装起义的条件已经成熟，并从芬兰向布尔什维克中央发回了《布尔什维克必须夺取政权》和《马克思主义和起义》两封加急邮件，信中反复说明俄国革命的时机已经到来，布尔什维克必须时刻准备武装起义。

1917 年 10 月 20 日，列宁秘密从芬兰回到彼得格勒。25 日，彼得格勒成立了苏维埃革命军事委员会，作为领导武装起义的公开机关。29 日，布尔什维克中央召开了扩大会议，会议选举斯大林、斯维尔德洛夫等 5 人组成领导起义的党总部，负责起义的领导工作。

就在这时候，一直反对起义的季诺维也夫和加米涅夫在公开报纸《新生活报》上发表了《尤·加米涅夫谈起义》，公开诬蔑起义是"冒险绝望的行动"，反对武装起义。

临时政府获此消息后，马上采取了措施：从前线调回军队镇压起义；下令逮捕列宁；中断彼得格勒苏维埃的电话联系等。11 月 6 日，临时政府的士兵突然闯入布尔什维克的机关报《工人之路报》以及《士兵报》的印刷所，企图查封报纸，但是由于革命士兵及时赶到，保证了报纸的按时出版。

面对临时政府的反革命措施，布尔什维克党决定提前起义。11 月 6 日（俄历 10 月 25 日）夜，列宁头戴假发，化装成工人到达起义的总指挥部——斯莫尔尼宫。起义军的主力由 2 万名武装工人和彼得格勒的 20 万守军，以及驻守在波罗的海的数万名舰队官兵组成。

在列宁的指示下，起义军迅速占领了彼得格勒的火车站、桥梁、电话局和银行等战略要地，整个首都都处于起义者的控制之下。11月7日早上，革命军事委员会发布了列宁起草的《告俄国公民书》，宣布临时政府已经被推翻，苏维埃已经顺利接管了政权。傍晚，整个彼得格勒只有冬宫还被临时政府所控制。下午6时，几万名起义军以及10来艘军舰包围了冬宫，同时向里面的临时政府官员发出最后通牒，要求他们立即缴械投降。

晚上9时，停泊在涅瓦河上的"阿芙乐尔"号巡洋舰向冬宫发起总攻。随后，工人赤卫队、革命士兵像潮水般涌入了冬宫。进入冬宫的起义军官兵和躲在里面的临时政府士兵发生了激烈的白刃战，终于在半夜的时候占领了冬宫。彼得格勒的武装起义获得了成功。

晚上10时40分，全俄工农兵苏维埃第二次代表大会在斯莫尔尼宫召开。大会通过了《告工人、士兵和农民书》，宣告全俄各地政权都归苏维埃政权。接着，列宁作了有关和平和土地的报告，通过了2部法令——《和平法令》和《土地法令》。大会决定成立完全由布尔什维克组成的第一届苏维埃政府——人民委员会，列宁被选为人民委员会主席。人民委员会的设立，标志着世界上第一个无产阶级专政的社会主义国家诞生了。

彼得格勒武装起义的胜利消息传到莫斯科后，莫斯科的布尔什维克在中央的指示下立即发动武装起义，经过6天的激战，于11月25日攻克了克里姆林宫。此后，俄国其他地方也相继发生了革命起义。1917年11月—1918年3月，整个俄国基本实现了社会主义革命的胜利。

"十月革命"刚刚结束，苏俄就提出缔结一个不割地不赔款的和约，但是遭到英、法等国家的反对。苏俄只好单方面和德国进行谈判。但是在谈判中，德、奥代表提出割让俄国15万平方千米土地的苛刻要求。列宁考虑到苏维埃政权刚刚建立，需要安定的政治环境，因此主张接受德、奥的条件。

但是国内的社会革命党人不希望看到苏维埃俄国强大起来，因此他们积极反对签订和约，并且挑起德军进攻。列宁见此，马上起草了《社会主义祖国在危急中》的公告，号召全国人民积极参加红军，保卫祖国，这个号召得到了响应。1918 年 2 月 23 日，红军粉碎了德军的进攻，保卫了新生的苏维埃政权的稳定。

德奥和苏俄决定再次谈判，但是这次德国的要求更加苛刻：增加了对波罗的海沿岸和高加索等地区的领土要求，同时要求增加赔款数额。面对此情况，列宁还是建议接受德国的要求，立即缔结和约。3 月 3 日，双方在布列斯特正式签署和约，苏俄此后退出了第一次世界大战。

青少年必看的

回眸历史书系

❖ 巴黎和会

在经历了一场空前浩劫的战争之后，通过战胜国对战败国缔结和约的方法安排战后的世界，便成为当务之急。帝国主义列强的争霸斗争从战场转移到谈判桌前。于是，一场帝国主义重新瓜分世界的丑剧——巴黎和会就此上演了。

在巴黎和会之前，美、英、法、意、日 5 大战胜国已经举行了非正式会谈，为控制会议做了安排。实际出席和会的共 32 个国家，美国总统威尔逊、英国首相劳合·乔治、法国总理克里孟梭、意大利首相奥兰多、日本前首相西园寺公望都亲率代表团出席和会，盛况空前。但他们却把苏俄和战败国德国、奥匈帝国、土耳其和保加利亚排斥于和会之外。

与会国的代表权很不平等。美、英、法、意、日 5 国各有 5 名全权代表，可以出席一切会议，其他国家只有 1 - 3 名全权代表，只能出席与他们有关的会议。和会的组织机构更是强权政治的产物。其决策机构为最高委员会，最初由5大国的政府首脑和外长组成，因而也叫"十人会议"，后来又缩小为由美、英、法、意4国首脑组成的"四人会议"，而实际起操纵作用的是由威尔逊、劳合·乔治和克里孟梭组成的"三巨头"会议，他们有权决定巴黎和会的一切重大问题。

巴黎和会上的"三巨头"，左起劳合·乔治、克里孟梭和威尔逊

3个人经过无数次的争执和讨价还价后，终于有了结果：英国得到了国际联盟所规定的委任，统治拥有1000万人口的领土，法国得到750万人口的地区，日本也得到了德国在太平洋上的属地，而美国的"门户开放"原则也得以通过，美国的商品与资本可以进入这些地区，实行机会均沾，大家都有好处分享。

除分赃外，巴黎和会还有别的议程。主要是：密谋扼杀新生的苏维埃俄国，决定对苏俄实行经济封锁；筹组国际联盟来反对列宁创建的共产国际；国际联盟指挥各国反动派向革命人民进行血腥镇压，同时重新瓜分德国原有的殖民地。

1919年6月28日是巴黎和会的最后一天，也是全体战胜国在和约上签字的一天。但作为战胜国的中国代表没有出席会议，拒绝在和约上签字。

原来，《巴黎和约》里有3条是关于中国的。即战前德国侵占的山东胶州湾的领土，以及那里的铁路、矿产、海底电缆等，统统归日本所有。本来中国当时参加了协约国，对同盟国作战，曾经支援协约国大量粮食，还派出17.5万名劳工，牺牲了20000多人。作为战胜国的中国，索回德国强占的山东半岛的主权，这是顺理成章的事。但英、美、法却做主要送给日本。而卖国求荣的中国北洋军阀政府准备签字承认这个丧权辱国的条约。

中国人民忍无可忍，终于爆发了轰轰烈烈的"五四"运动。在全国人民的支援和影响下，中国代表团向和会提出两项提案：取消帝国主义在中国的特权；取消日本强迫中国承认的《二十一条》，收回山东的权益。但提案被否决了，而卖国的北洋军阀却命令中国代表团在和约上签字。6月27日清晨，在巴黎的华工和中国留学生举行了声势浩大的抗议活动。6月28日，3万多华人齐集在中国代表团的住所外面。

"不能签字！"3万人发出了一个共同的呼声。"谁签字，就打死谁！"15名敢死军的青年准备以自己的鲜血和头颅去捍卫中国的尊严和权利。

中国代表团终于发表了一项声明："山东问题不解决，我们决不在和约上签字！"

巴黎和会和随后召开的华盛顿会议，帝国主义在全球范围内建立了重新分割世界、维护战胜国利益和维持战后和平的新秩序，即"凡尔赛—华盛顿体系"。在两次世界大战之间的年代，国际事务中发生的每一个重大事件都与此体系相关联。然而，随着国际形势的发展，该体系存在的各种矛盾不断激化，并最终导致了它的崩溃。

巴黎和会并没有解决帝国主义之间争夺殖民地的矛盾，对战败国德国的苛刻的勒索，也埋下了复仇的种子。法国元帅福煦事后说："这不是和平，这是20年休战。"历史无情地嘲笑着巴黎和会。1939年9月，希特勒再次在欧洲掀起大战，距巴黎和会正好是20年2个月！世界人民再次陷入灾难和痛苦中。

❖ 甘地"非暴力不合作运动"

圣雄甘地是 20 世纪闻名全球的非暴力运动领袖。"圣雄",印度文的读音是"玛哈德玛",意思是"伟大的灵魂",中文译为"圣雄",是对甘地的尊称。

1869 年 10 月 2 日,甘地出生在印度波尔邦达尔邦的首府波达尔城。他出身于一个商人官僚家庭中,从小就受到印度教的熏陶。1891 年 6 月,甘地在英国伦敦大学毕业并取得律师资格。两年后,他到了南非,在南非一共度过了20 年。在那里,他领导了自己的侨胞进行反对英、荷殖民主义者的民族与种族歧视制度的运动。甘地深受托尔斯泰非暴力和平主义思想的影响,他的非暴力不抵抗的理论

"圣雄"甘地

把印度教的吃素食、不杀生主张同《圣经》、《古兰经》的仁爱思想结合起来。他认为,只要通过非暴力的行为,忍受苦难,就能感动对方,使对方改邪归正,因为所有人都是同一个造物主的儿女。

1915 年 1 月,甘地回到印度,建立了一所非暴力抵抗学院,组织小土地种植者、破产农民、贫穷的工人为自己的生存而作斗争。甘地因此成为印度历史上第一位关心贫苦大众的领袖。为了唤起印度民众的民族意识,他发起了土布运动,提倡用手纺车自己织布,

抵制英国的产品。很快，甘地就成了印度民族主义政党——国大党的领袖。

俄国"十月革命"的爆发激起了印度人民的独立要求，甘地号召人民进行绝食、祈祷、和平示威，用非暴力的方式来抵制英国当局。殖民当局却向和平示威的群众开枪，打死、打伤3000余人，激起了印度人民的更大反抗。甘地担心会演变成暴力抵抗的流血革命，所以停止了非暴力不抵抗运动。

1920年，印度国大党通过了甘地倡导的非暴力不合作运动纲领，主张用和平的合法手段取得自治。他们在全国兴起了一场广泛的罢工、罢市、罢课、拒绝与殖民当局不合作的运动，殖民当局逮捕了甘地，并判他6年监禁。出狱后，甘地继续领导印度的民族解放斗争，又多次发动了不合作运动，几次被殖民当局逮捕入狱，但他始终没有屈服。

1930年，英国殖民当局为了加紧对印度人民的剥削，制定了《食盐专营法》，严格控制食盐生产，任意抬高食盐价格和盐税，引起了印度人民的极大不满。于是，甘地带领他的"非暴力不合作运动"信徒，步行到海边去用海水煮盐，以此来抵制英国殖民当局的《食盐专营法》。这就是著名的"食盐进军"。

他们从阿默达巴德出发，徒步行走，每走过一个村庄，都召开群众大会，号召村民们参加"非暴力不合作运动"。沿途群众有听宣传的，有看热闹的，也有加入甘地队伍的。各国新闻记者在人群中跑来跑去，争先猎取镜头，采写新闻。甘地等人走了24天，才到达海边村庄丹地。这时，跟随他的队伍已经有了上千人。当天晚上，他们绝食祈祷。第二天上午，甘地便带领众多的信徒到海边沐浴，然后开始取海水煮盐。

每天清晨，甘地带领信徒到海边劳动，不怕风吹日晒，腰酸背痛，一直坚持了3个星期。印度报纸广泛地报道了甘地的"食盐进

军"；印度各沿海地区，也都开展了自制食盐的行动。与此同时，全国城乡各地到处举行示威游行、罢工、罢课，一个群众性的反英斗争在全国蓬勃开展起来。

印度人民掀起的革命风暴，吓坏了英国殖民当局。于是，他们又想利用甘地"非暴力"主张来平息人民的斗争烈火。1931年1月，殖民当局释放了甘地，并撤销了取缔国大党的命令。甘地出狱以后，便和英国驻印度总督欧文勋爵在德里举行会谈，签订了《甘地—欧文协定》。《协定》规定：完全停止"不合作运动"；英国当局则同意释放主张"非暴力"的政治犯；允许沿海人民煮盐。由于印度仍旧没有得到自治，因此这个协定没有满足人民的根本要求。但是，甘地已经签订了"休战协定"，印度人民的革命浪潮最后还是被英国殖民当局镇压下去。后来，甘地虽然又发动了几次"个人不合作运动"，但都毫无结果。

1947年下半年后，印度教徒和伊斯兰教徒穆斯林之间冲突频繁，一再出现流血事件。甘地为此多次进行绝食祈祷，呼吁和平团结。1948年1月30日下午，甘地在去祷告场的途中，被一个印度教徒枪杀，终年79岁。

印度人民怀着无比悲痛的心情将他的遗体火化，并将骨灰撒进印度文明的发源地——恒河。

"非暴力不合作运动"打击了英国的殖民统治，增强了印度人民的民族自尊心和自信心，使非暴力不合作运动具有广泛的群众基础，反映了印度人民要求独立的愿望，促进了印度人民的团结，为印度的独立奠定了基础。同时，"非暴力不合作运动"把民族运动局限于非暴力的框架内，影响了民族运动的进一步发展，这反映了印度民族资产阶级在反帝斗争中的动摇性和妥协性。

❖ 联合国的创立

在美国华盛顿市的郊外，有一座古朴幽静的庄园——敦巴顿橡树园。园内遍植橡树，绿草如茵，灰色的三层楼别墅上爬满了常春藤，显得十分宁静安谧。1944 年 8 月 21 日—10 月 7 日，苏、美、英、中 4 国代表相继来到这里，共同起草战后国际组织的章程，这个国际组织就是今天的联合国。

联合国是在全世界反法西斯战争的艰苦岁月里孕育起来的。1941年 12 月 22 日，美国总统罗斯福在华盛顿与英国首相丘吉尔就两国联合作战事宜举行会晤时提出，由所有对德—意—日轴心国作战的同盟国签署一项共同宣言，以保证"使用其全部资源同正在妄图征服世界

联合国徽标

的法西斯作战，并不与敌人缔结单独停战协定或条约"。最初在该宣言上签字的国家共有 26 个，后来增至 47 个，它们被称为"联合国家"，宣言被命名为《联合国家宣言》。它标志着反法西斯同盟的壮大，同时也为联合国的成立奠定了基础。

随着反法西斯战争即将胜利结束，如何防止新的世界战争的发生、防止出现新的世界战争策源地，成了人们普遍关注的问题。建立一个维护世界和平的共同机构，就被提上议事日程。

1943 年，当战争形势发生了有利于反法西斯联盟的变化后，各大国开始为筹建联合国而进行紧张的外交活动。11 月 28 日—12 月

1 日，美、英、苏 3 国首脑在伊朗首都德黑兰举行会议。

会议开始不久，罗斯福便详细介绍了他对未来国际组织基本体制的构思。他在纸上画了 3 个圆圈。左边的圆圈写着"40 个联合国家"，罗斯福解释说，这 40 个国家的代表可以开会讨论世界问题和提出解决问题的建议。中间的一个圆圈标明"执行委员会"，这个机构将由苏、美、英、中以及两个欧洲国家的代表和南美、中东、远东、英属自治领的各 1 名代表组成，负责处理一切非军事性的问题。第 3 个圆圈上写着"四警察"，就是苏、美、英、中，这是一个行使权力的机构。斯大林最初并不同意罗斯福的设想，但最后还是接受了罗斯福的意见。这样 1944 年 8 月—10 月，苏、美、英和美、英、中分别在华盛顿郊外的敦巴顿橡树园大厦举行会议，讨论并草拟了战后国际组织——"联合国"的章程。

苏联提出，联合国安全理事会中，苏、英、美、中、法 5 个常任理事国应有否决权，即只要 5 国中有 1 个国家反对，表决就无效。因为在当时，大国中只有苏联一个社会主义国家，在很多问题上，它是少数，有了否决权就可以保证苏联不会吃亏。英、美代表则坚决反对拥有"否决权"，主张少数服从多数。出于同样动机，苏联又提出让它的两个加盟共和国——乌克兰和白俄罗斯直接成为联合国成员。这样，苏联就可以有 3 票的表决权。这显然是英、美两国所不能接受的。直到 1945 年 2 月，在苏联雅尔塔会议上，罗斯福和丘吉尔考虑到要争取苏联同意全力击败德国并对日宣战，才接受了苏联的建议。

敦巴顿橡树园会议结束后，参加国发表了《关于建立普遍性国际组织的建议案》，共 12 章，主要内容是关于即将成立的国际组织的宗旨与原则、会员国资格、主要机构及其职权、关于维护国际和平与安全以及关于国际经济与社会的安排。安全理事会是该组织的主要机构之一，其责任是维护国际和平与安全，美、英、苏、中以及相当时期以后的法国都是安理会的常任理事国。关于未来国际组织的名称，建议沿用 1942 年 1 月 1 日签署的《联合国家宣言》，定名为"联合国"。为此，人们一般都把敦巴顿橡树园大厦看成是联合国的诞生地。

1945 年 2 月 4 日，苏、美、英 3 国首脑在雅尔塔举行会晤，就敦巴顿橡树园滞留的问题作最后磋商。3 位首脑在雅尔塔会议中一致同意了关于安理会表决程序的"雅尔塔公式"，这个公式就是指安理会对程序事项以外的一切议题的决定，应由 11 个理事国中 7 个理事国的可决票包括全体常任理事国的同意票表决之。在作出重大决定时必须实行"五大国一致同意"的原则，使安理会各常任理事国从此享有"否决权"。

联合国大楼

1945 年 4 月 25 日，富丽堂皇的旧金山大歌剧院里座无虚席，46 个国家的代表相聚一堂，举行制宪会议。与会代表讨论了敦巴顿橡树园会议制订的方案、雅尔塔协定以及各国政府提出的修正案。经过 2 个月的激烈讨论和争论，终于在 6 月 25 日一致通过了《联合国宪章》。6 月 26 日，各国代表在《宪章》上签字。中国共产党的代表董必武，作为中国代表团成员之一，也在《宪章》上签了字。

1945 年 10 月 24 日，经中、苏、美、英、法和其他多数签字国交存批准书，《联合国宪章》开始生效，联合国正式诞生了。

半个多世纪以来，联合国经历了一个艰难的发展过程。战后初期，联合国在超级大国的控制和操纵下，一度做过违背世界人民意愿的事情。联合国本身在美、苏激烈"冷战"的情况下也几近瘫痪。但是，随着战后国际关系中政治力量对比的变化，大量的亚、非、

拉新兴独立国家加入了联合国，使联合国的局面发生了积极的演变。联合国系统主持制定了大量内容包括国际生活各个方面的国际协议和重申国际关系准则的重要宣言，反映了大多数会员国的共同要求，有不可忽视的道义力量。在推动建立国际经济新秩序的进程中，联合国通过的一系列宣言、纲领、宪章和决议，从根本上是符合世界经济发展总体利益的。

联合国在维护国际和平与安全、促进国际合作方面作出的贡献已被国际社会所公认。联合国在非殖民化进程以及在反对种族歧视和种族隔离制度的斗争中发挥了重大作用。联合国在当今世界的作用是无法被取代的。

❖ 中华人民共和国成立

中国是世界上最伟大的国家之一，有着悠久的历史、辉煌的文明，在世界历史上具有重要的地位。但是从鸦片战争以后，在列强的侵略之下，中国逐渐沦为一个半殖民地半封建国家，国际地位一落千丈，从"天朝上国"沦落为"东亚病夫"。从鸦片战争一直到中华人民共和国成立这100多年里，中国的有志之士不断奋斗，最终迎来了民族复兴的希望：中国从来没有像新中国成立这个时刻更接近于走向复兴之路。

抗日战争胜利后，国际形势发生了重大变化，中国政局也出现了一些新特点。一方面是人民力量有了很大的发展；另一方面是美蒋勾结抢夺抗战胜利果实，内战成为国内的主要危险。尽管国共两党重庆谈判签订了《双十协定》，并依协定举行了政治协商会议，通过了一系列决议案。但事实表明，国民党毫无诚意来结束其一党独裁，无意与中共及其他民主力量携手共建新中国。蒋介石企图以武力来解决问题，大规模内战的危险，威胁着中国的和平、民主和团结的前景。

民众的呼声及新闻舆论虽然对国民党集团造成了巨大的压力，但迷信武力解决一切的蒋介石一意孤行。1946 年 6 月，中国内战再一次爆发。抗战胜利后中国民众对胜利的欢呼和对和平的祈祷，瞬间化为乌有。然而，"多行不义必自毙"，历史的警言再 次从国民党逆民意、悖民心的所作所为中得到有力的证实。自恃在军事上、经济上占有绝对优势的蒋介石，不仅没有从全面进攻和重点进攻中达到既定的目标，相反，经过一年的作战，已有的优势沦为劣势。南京国民政府的军事、经济、政治都出现了空前的大危机。国民党政权陷入了全民的包围之中。

1948 年下半年，中国战局已进入战略决战阶段。国民党已被迫由"全面防御"转为"重点防御"。国民党统治区的政治、经济危机日益严重，国民党政权已经摇摇欲坠。战局的发展表明，人民解放军进行战略决战的时机已经成熟。中国现代战争史上最著名的辽沈、淮海和平津三大战役的发展是历史发展的必然结果。三大战役的胜利，为人民解放军南渡长江解放全中国的作战奠定了胜利的基础。

经过三大战役，国民党反动统治面临崩溃的局面。就在国民党拒绝签订和平协定的第二天，即 1949 年 4 月 21 日，中国人民革命军事委员会主席毛泽东和中国人民解放军总司令朱德发出了《向全国进军的命令》，规模巨大的渡江战役由此开始。国民党苦心经营的长江防线一天之内即宣告崩溃，划江而治的构想被彻底粉碎。到1949 年底，解放军全部歼灭了中国大陆上的国民党军队，解放了除西藏以外的全部中国大陆。中国人民的解放战争在全国范围内取得了胜利。

在解放战争即将取得胜利的前夕，1949年3月，中国共产党在河北省平山县西柏坡村召开了七届二中全会，对新中国的建立从思想上、组织上和政策上进行了准备。随后，第一届中国人民政治协商会议在北平召开。大会决定新中国的名字是"中华人民共和国"，定都北京。在会议上，选举了毛泽东为中央人民政府主席，刘少奇、朱德、宋庆龄、张澜、李济深、高岗等6人为副主席。经过毛泽东提名，周恩来任政务院总理，并且决定了政务院各个部委的部长，为开国大典做好准备。

1949年10月1日，首都30万群众聚集天安门广场，隆重举行开国大典。下午3时，毛泽东等中央人民政府领导人健步登上天安门城楼。当毛泽东等在主席台上出现时，整个天安门广场沸腾了，欢呼声、口号声、鼓掌声响彻云霄。毛泽东主席以洪亮的声音向全世界庄严宣告："中华人民共和国中央人民政府已于今日成立了。"毛泽东主席亲自按动电钮，新中国的第一面国旗——五星红旗徐徐升起。在军乐声中，54门礼炮齐鸣28响，如惊雷回荡天地间。

毛泽东在天安门城楼宣布

中华人民共和国中央人民政府成立

在群众的热烈掌声中，毛主席宣读了中央人民政府公告。接着举行了壮观的阅兵式。中国人民解放军总司令朱德由阅兵总指挥、华北军区司令员兼京津卫戍区司令员聂荣臻陪同，驱车检阅了肃立受阅的各军兵种部队。然后朱德总司令回到天安门城楼主席台上，宣读中国人民解放军总部命令。壮观的阅兵分列式以海军两个排为前导，接着是步兵师、炮兵师、战车师、骑兵师相继跟进，军容整齐，威武雄壮，犹如钢铁洪流滚滚向前。与此同时，人民空军包括战斗机、运输机、教练机等17架飞机在天安门广场上空自东向西飞行受阅。群众的鼓掌声像波浪一样，一个高潮接着一个高潮，整个阅兵式历时3小时。

阅兵结束后，举行了盛大的群众游行。红旗如海，歌声如潮，解放了的人民个个扬眉吐气，他们载歌载舞，欢呼新中国的诞生，欢呼自己成为新国家、新社会的主人。夜晚，天安门广场变成了红灯的海洋。无数的彩色火炮从广场四周发射，广场上空繁花似锦，五彩缤纷，欢呼声响彻夜空。

中华人民共和国的成立，揭开了中国历史的新篇章，标志着一百多年来殖民主义、帝国主义同封建统治者勾结起来奴役压迫中国人民的历史和内外战乱频仍、国家四分五裂历史的结束。中国人民从此站起来了，中华民族再也不受欺侮了。人民期盼已久的一个独立、统一、民主的新中国诞生了。中国历史由此开辟了一个新纪元。由于中国的崛起，世界的面貌也发生了重要的变化，中国的强盛，在过去几十年，以及在以后的世界历史中，都将是一个重要的主题。

❖ 苏联解体

1991 年，苏联国民生产总值约下降了 13%，工业下降了 9%，农业下降 10%，需要进口 4870 万吨粮食才能渡过难关。预算赤字达

到 3000 亿卢布，仅 8 个月的货币发行量就相当于 1990 年全年发行的总和，前 9 个月的外贸总额与 1990 年同期相比下降了 38.1% 。经济到了崩溃的边缘。

而这时，波罗的海沿岸 3 国已决定离去，其他共和国也在仿效而行。为维系已经濒临破碎的苏联，戈尔巴乔夫设计出了一个方案，就是要把苏联由紧密联合变为松散联合。6 月 3 日，戈尔巴乔夫与 9 个加盟共和国的总统举行会议，决定将"苏维埃社会主义共和国联盟"改名为"苏维埃主权共和国联盟"。8 月 14 日，公布了新联盟条约文本，它的签署将在 8 月 20 日进

叶利钦宣誓就职

行。8 月 16 日，苏联武装部队的报纸《红星报》发表一个呼吁书，以警告的语气断言，共产党和武装部队受到了公开的攻击，呼吁党员加强团结，保卫祖国。

8 月 19 日，苏联副总统根纳季·亚纳耶夫发布命令，总统戈尔巴乔夫因健康原因停止履行总统职务，由副总统代行总统职务。由代总统、总理、国防会议第一副主席、国防部长、内务部长、国家安全委员会主席等 8 人组成的国家紧急状态委员会行使国家全部权力。该委员会发表的《告苏联人民书》说，戈尔巴乔夫的改革已经"走入死胡同"，"苏联国家和人民的命运处在极其危险的严重时刻"。同时，叶利钦也发表了《告俄罗斯公民书》，认为解除戈尔巴乔夫的总统职务"是一次反宪法的政变"，"委员会是非法的"。20 日，美国总统布什向叶利钦保证，美国支持恢复戈尔巴乔夫的权力。21 日晚，戈尔巴乔夫宣布，他已"完全控制了局势"，紧急状态委员会成员先后被捕。

8 月 24 日，戈尔巴乔夫声明，苏共中央委员会应该"自行解

散"，并宣布自己辞去苏共中央总书记职务。这时，苏联全国掀起了一股反共浪潮。苏共中央大楼被查封，在楼顶上飘扬了多年的红旗落了地。由列宁亲手缔造的、具有93年历史的、在苏联执政74年之久的苏联共产党被摧垮了。

10月21日，新组成的苏联最高苏维埃举行首次会议，结果只有7个共和国的代表参加。除波罗的海3国已独立外，其余十几个加盟共和国也纷纷宣告独立。12月1日，乌克兰这个拥有5200万人口、又有核武器的共和国，举行公民投票，结果是超过90%的人赞成独立；12月8日，最早签约同时加入苏联的（1922年12月30日）3个共和国俄罗斯、乌克兰和白俄罗斯3国领导人签署《明斯克协议》，宣布成立"独立国家联合体"。12月21日，除格鲁吉亚和波罗的海3国外，其余8个共和国的领导与以上3国领导人在阿拉木图会晤，11国签署了《关于建立独立国家联合体协议议定书》，发表了《阿拉木图宣言》，正式宣告苏联"停止存在"，还要求戈尔巴乔夫"光荣下台"。12月25日晚，苏联总统戈尔巴乔夫宣布，他以"不安的心情"辞去总统和武装部队最高统帅的职务。苏联国旗也从克里姆林宫上空落下。12月26日，苏联最高苏维埃共和国举行了最后一次会议，摘下了议会外面的"苏维埃社会主义共和国联盟最高苏维埃"的牌子。至此，叱咤国际风云69年的大国——苏维埃社会主义共和国联盟彻底解体。苏联作为一个社会主义大国的历史画上了句号。

苏联的解体，如同20世纪初叶俄国"十月社会主义革命"的胜利一样，都是震撼世界的重大事件。在世界现代史上，它毕竟是一个不太短的时期。尤其在社会化大生产和新科技革命蓬勃兴起、落后国家的民族独立运动已成为历史潮流的当今社会，大半个世纪足以使一个民族经济腾飞和社会取得长足的进步。事实上，苏联在它的发展进程中确实有过辉煌的成就，它拥有丰富的资源，辽阔的国土，众多的人口和强大的国力。可是，这样一个曾经同美国相匹敌的超级大国，却在很短时间内毁于一旦。人们经常会在脑海里浮现出一幅幅历史的画卷："十月革命"的胜利，新生苏维埃政权经历的磨难和考验，列宁、斯大林时代的交替，斯大林体制的形成和强化，苏德战争的生死搏斗，战后美苏"冷战"格局的出现，赫鲁晓夫、勃列日涅夫时期的风风雨雨，戈尔巴乔夫改革使国家步步陷入泥潭，直至最后的解体，这一连串的历史进程所蕴含的丰富内涵，不能不引发出许多历史的思考。

不管怎样，这是一个事实，由于苏联的解体，原来世界上两个超级大国对抗的"冷战"阶段结束了，美国成为世界上唯一的超级大国，俨然成为世界警察。而取代苏联地位的俄罗斯，只不过沦为二流的强国。从此，世界由二极世界进入多极世界，进入一个"一超多强"的时代。也由于苏联的解体，世界无产阶级革命运动遭到了沉重的打击，进入低潮，资本主义势力在全球获得扩张。

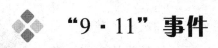

"9·11"事件

拉登出身于沙特的巨富之家，年少的时候安静害羞。一次，他的家族包揽了伊斯兰教圣城麦地那和麦加清真寺的重建和修复工程，在施工期间，拉登沉溺于这些建筑和有关建筑的"故事"中，渐渐走向极端，变成了伊斯兰原教旨主义者。

拉登受其导师的影响，认为"在非教徒占领了伊斯兰教的土地时，宗教的基本支柱是圣战"。苏联入侵阿富汗后，拉登积极援助阿富汗的抵抗力量。通过美国中央情报局的帮助，他设立了总部，收容、组织并训练愿意前往阿富汗的志愿者。1982 年，拉登建立了

"支持者之家"，还在阿富汗的边境设立了16个游击队训练营地。20世纪80年代前中期，美国给抗苏武装组织提供了大量尖端武器，每年拨出5亿美元的经费来武装和训练游击队员，选拔并扶持了一些当时最有前途的领袖。拉登兵器库中的不少武器就是美国在那个时期提供的。据估计，在阿富汗战争期间，拉登的组织获得了2.5亿美元的美国军事援助。不仅如此，美国还从意识领域大力宣扬穆斯林的"圣战"，鼓动阿拉伯青年参加阿富汗战争。拉登甚至被一些美国人誉为"英雄"。拉登现在的许多暴力手段和谋略，都是从美国中情局人员处学来的。

然而拉登却并不买美国的账。海湾战争的时候，拉登坚决反对美军在沙特驻扎，他公开批评政府，号召人们用暴力赶走美国人及推翻沙特王室。沙特政府取消了拉登的国籍并下令通缉他。拉登逃到苏丹后，苏丹鉴于美国的压力，下令驱逐他。在不得不四处逃亡的情况下，拉登以阿富汗为根据地，集结了一批"志同道合"的人，进行他"毕生要实现的目标——把美国人从沙特驱逐出去，最终从中东驱逐出去"。

拉登充分利用全球化的机遇大肆聚敛资金，像经营企业一样经营他的恐怖组织，建立了组织严密的网络。美国中情局这才发现，他们已无法控制这个自己一手培养起来的强大的"怪物"。恐怖分子此时要打击的已不仅仅是美国，而是整个文明世界的基本秩序。

本·拉登

发生在美国的"9·11"事件，不仅是美国人民的悲剧，也是全人类的悲剧。"恐怖大亨"拉登已成为国际公敌。

2001年9月11日，美国遭遇了迄今为止人类历史上最为严重的恐怖袭击事件。从早晨8点51分起，纽约、华盛顿等地先后发生连环恐怖袭击的灾难事件。纽约世界贸易中心、美国国防部所在地——五角大楼先后遭到恐怖分子劫持的波音757、767飞机猛烈撞击。世界贸易双塔轰然倒塌，3000多人死亡和失踪。"9·11"事件被美国政府称为美国历史上的第二次"珍珠港事件"。

首当其冲的是纽约的标志性建筑——世界贸易中心的两座110层的大厦。当地时间早上8时51分，一架飞机撞向世界贸易中心的其中一座大楼。大楼随即发生爆炸，滚滚浓烟从上部冒出。18分钟后，在当地电视台进行现场直播时，一架小型飞机从相反的方向高速而精确地撞向世界贸易中心的另一座大楼。大楼随即也发生巨大爆炸。世界贸易中心的两座"双子星"大楼上端各出现了一个硕大的黑洞。世界贸易中心被撞击后不久，美国国防部五角大楼也遭到了袭击。一架飞机在早上9时47分撞向美国国防部所在地——五角大楼，并造成大火。与此同时，美国国务院门外也发生一起汽车炸弹爆炸事件。

浓烟滚滚的"双子楼"

由于美国世界贸易中心和五角大楼遭到恐怖分子袭击，美国纽约证券交易所、纳斯达克市场、芝加哥期货交易所和芝加哥商品交易所等各大证券交易所均停止交易。在东部时间上午 9 时 32 分，美国股市宣布停市，外汇市场也出现了大幅的震荡。受它的影响，欧洲股市遭到重挫，拉美股市也停盘。

一连串事件发生后，美国进入戒备状态，政府下令所有机场暂时关闭，飞机停飞，华尔街股市停市，白宫和国防部均紧急疏散。美国总统乔治·W·布什发表声明，称这是一起明显的针对美国的恐怖袭击事件。美国认定流亡的"沙特大亨"本·拉登及其领导的"基地组织"策划并组织了"9·11"事件，并要求庇护他的阿富汗塔利班政权立刻将其交出，但遭到拒绝。于是，美国在 10 月 7 日发动了对阿富汗的战争。它调兵遣将，动用各种高技术武器，迅速推翻了塔利班政权。

"9·11"事件后，主要大国不同程度地调整了安全战略，导致国际反恐合作与传统军事竞争同步发展，国际安全形势中的不确定性因素明显增大。外交上，反恐成为现阶段国际关系特别是大国关系的重要黏合剂。但是，美国致力于反恐斗争的同时，没有疏忽防范潜在的战略竞争对手。它力图谋求建立所谓新帝国，加剧了国际形势的紧张。

经济篇

罪恶的奴隶贸易

　　早在 1415 年葡萄牙人在北非侵占第一块殖民地以后，非洲就一直是殖民侵略的对象。西班牙、荷兰、英国、法国等也相继入侵。他们在非洲沿海建立要塞和商站，形成了从事罪恶的奴隶贸易的据点。

　　1492 年哥伦布发现美洲新大陆，从而奠定了贩卖黑奴的基础。到了 16 世纪，西班牙在西印度群岛和美洲大陆建立了庞大的殖民帝国。西班牙在征服新大陆期间，野蛮地杀害了无数当地印第安人。为开发和掠夺殖民地，需要从非洲输入奴隶来劳动。1501 年，第一船非洲奴隶从西非海岸横渡大西洋，运到了新大陆。此后，贩卖黑奴的规模越来越大。17 世纪中叶—18 世纪下半叶，是非洲奴隶贸易最猖獗的时期。奴隶贸易的急剧扩大，同美洲种植园经济的发展密切相关。甘蔗、烟草、棉花、咖啡等种植园的扩大，需要大批奴隶劳动力，而种植园奴隶主又强迫他们过度劳动，奴隶的死亡率极高，需要不断补充。这是贩卖黑人的暴行持续几个世纪的根本原因。

　　起初贩卖黑人由葡萄牙人一手把持的。1580 年，葡萄牙本土被西班牙占领，而 1588 年西班牙"无敌舰队"被英国歼灭，荷兰、英国、法国都参加奴隶贸易的角逐，丹麦、瑞典、美国、普鲁士等也加入奴隶贩子的队伍。在这场竞争中，英国凭借其雄厚资本和海上优势，18世纪起成为最大的人肉贩子。1713年签订的结束西班牙王位继承战争的《乌特勒支条约》，使英国人获得了在30年内每年向美洲西班牙殖民地输送4800名黑奴的特权。到1770年，非洲黑奴的1/2都是由英国船只载运的。奴隶贸易成为英国资本原始积累的重要来源之一。1783年—1793年。利物浦一地的奴隶贩子共贩运奴隶33万多人，获利达1500多万英镑。利物浦也从一个荒凉的小渔村，变成"以奴隶贸易扬名天下的城市"。

捕获和贩卖黑人的全过程，是一幅血与火交织而成的图景。最初，欧洲殖民者组织"捕奴队"，驾海盗船，偷袭黑人村庄，杀死老弱妇孺，把年轻力壮的人掳去。如1446年葡萄牙殖民者阿苏拉拉带武装一次掠走160名男女和儿童。他们这样做，自然很有危险，遭到非洲人民反抗。于是就改变手法，挑动当地酋长参加"猎奴战争"，或收买奴隶商，组织"猎奴"队。他们自己出枪、出钱等待收购。例如，一个阿拉伯最大的奴隶贩子提普·蒂帕，曾拥有1000多枝枪的武装商队，把猎获的黑人从内陆押到沿海，卖给欧洲殖民者。黑人被戴上脚镣手铐，步履蹒跚。到达沿海后，被成串地牵往贩奴市场，让欧美奴隶贩子选购。买卖成交后，奴隶身上被用烙铁打上烙印，关进地牢，等待装船。

运送黑奴到美洲的大西洋航线，被称为黑人的死亡线。奴隶上船时，手脚被铁链拴着，衣服被剥光，一个个被塞进船舱，为尽可能多装，他们像沙丁鱼罐头一样，被挤得密密麻麻。一路饮食恶劣，疾病肆虐，无数黑人葬身于大西洋海底。从西非到美洲，一般要6—10周，从东非到美洲则要4个多月，能够活着被运到目的地的，一般只有1/3或1/2。他们一上岸，就要再次被出卖，被押到种植园或矿山去当牛做马。

贩卖黑奴的勾当持续了近 4 个世纪，它对世界和非洲历史都产生了深远影响。这种浸透黑人血泪的罪恶买卖，加速了欧美资本主义的原始积累，也给非洲带来了深远的无法估量的灾难。

在长期的奴隶贸易中，非洲人口共损失了多少，现在已经无法作出精确统计，但各国历史学家大致相同的估算，其数字是骇人听闻的。非洲输往美洲的人数有 1000 万—1500 万人，非洲总共损失约 1 亿人口。由于运出的黑人大都是 12 岁—35 岁的青壮年劳动力，非洲社会生产遭受了灾难性的破坏。

连绵不断的"猎奴战争"，使昔日繁荣的城市变成废墟，把人口稠密的村落弄得田园荒芜。那些死里逃生的人们，不得不躲进深山老林，重新过起刀耕火种的原始生活。殖民者到来之前，非洲有些王国已经出现了比较繁荣的文化，各部落之间能和平相处。但由于奴隶贸易和"猎奴战争"，各部落之间的关系被完全破坏，伦理道德被摧毁。在他们面前，只有一种考虑：要么奴役别人，用俘虏的奴隶交换武器，保卫自己；要么被别人奴役。奴隶贩子煽动部族之间争斗，同时又对奴隶进行灭绝人性的摧残，使社会道德彻底破坏。人们整天生活在贫困和恐惧之中，对生产毫不关心，对未来失去信心，而部族的仇恨却在积累。奴隶贸易给非洲人民带来的社会心理上的消极影响，在今天非洲一些国家发生的残酷的部族战争中仍能看到它的阴影。

❖ 圈地运动

15 世纪以前，英国的生产还主要以农业为主，纺织业在人们的生活中，只是一个不起眼的行业。随着新航路的发现，国际贸易的扩大，处在欧洲大陆西北角的佛兰得尔地区，毛纺织业突然繁盛起来，在它附近的英国也被带动起来。毛纺织业的迅猛发展，使得羊毛的需求量急剧增大，市场上的羊毛价格开始猛涨。英国本来是一个传统的养羊大国，这时除了满足国内的需求外，还要满足国外的羊毛需求。因此，与农业相比，养羊业就变得越来越有利可图。这时，一些有钱的贵族开始投资养羊业。

由于养羊需要大片的土地，因此，贵族们纷纷把原来租种他们土地的农民赶走，甚至把他们的房屋拆除，把土地圈占起来。一时间，在英国到处可以看到被木栅栏、篱笆、沟渠和围墙分成一块块的草地。被赶出家园的农民，则变成了无家可归的流浪者。这就是"圈地运动"。

"圈地运动"首先是从占据公共用地开始的。在英国，虽然土地早已私有，但森林、草地、沼泽和荒地这些公共用地则没有固定的主人。一些贵族利用自己的势力，首先在这里放牧羊群，强行占有这些公共用地。到了16—17世纪，随着英国工业迅猛发展，呢绒工业大幅度膨胀，羊毛需求量急剧增长，价格日益上涨，这就进一步刺激了养羊业的繁荣。加之这时美洲的黄金大量流入欧洲，引起货币贬值，物价上涨，地主征收的固定地租实际上已大大减少。因此，越来越多的土地贵族更加疯狂地强行圈占公共土地和农民的耕地，用来发展养羊业，他们开始采用各种方法，把那些世代租种他们土地的农民赶出家园，甚至把整个村庄和附近的土地都圈占起来，变成养羊的牧场。

在这种强行的"圈地运动"中，农民以前以各种形式租种的土地，无论是以前定下的终身租地，还是每年的续租地，都被贵族强行圈占。这些成为牧场主的贵族们还互相攀比，使他们的牧业庄园变得越来越大。

英国的"圈地运动"从15世纪70年代开始，一直延续到18世

纪末。英国全国一半以上的土地都变成了牧场。在这一过程中，虽然英国国王也进行了一定程度的限制，颁布了一些企图限制圈地程度的法令，但这些法令并没起多大的作用，相反，圈地日益合法化。

为了使被驱逐的农民很快地安置下来，英国国王在颁布限制圈地法令的同时，也限制流浪者，目的是让那些从家园中被赶出来的农民接受工资低廉的工作。凡是有劳动能力的游民，如果不在规定的时间里找到工作，一律加以法办。通常，那些流浪的农民一旦被抓住，就要受到鞭打，然后送回原籍。如果再次发现他流浪，就要割掉他的半只耳朵。第三次发现他仍在流浪，就要处以死刑。

后来，英国国会又颁布了一个法令，规定凡是流浪一个月还没有找到工作的人，一经告发，就要被卖为奴隶，他的主人可以任意驱使他从事任何劳动。这种奴隶如果逃亡，抓回来就要被判为终身奴隶。第三次逃亡，就要被判处死刑。任何人都有权将流浪者的子女抓去做学徒，当苦役。

亨利八世和伊丽莎白两代国王统治时期，曾经处死了大批流浪的农民。"圈地运动"导致英国的农民数量越来越少，失去土地的农民只好进入城市，成为城市无产者。为了活命，他们不得不进入生产羊毛制品的手工工场和其他产品的手工工场，成为资本家的廉价劳动力。在这种手工工场里，工人的工资十分低，而每天则要工作十几个小时。

18 世纪，英国国会通过了大量的准许圈地的法令，最终在法律上使圈地合法化。英国农民的人数减少到了有史以来的最低数量。

"圈地运动"为英国的资本主义的发展提供了有利的条件。大量农民丧失生产资料，成为出卖劳动力的雇佣劳动者，为资本主义的发展提供了劳动力市场，是资本原始积累的主要形式之一。同时，"圈地运动"使许多资本主义性质的农场建立起来，农业市场也随之扩大，加速了英国的封建农业向资本主义农业过渡的进程。

1929—1933 年经济危机

资本主义从 1924 年起，进入了相对稳定时期。经过几年的恢复和发展，资本主义世界出现了繁荣景象，各主要资本主义国家的工业生产总值均大大超过战前的水平。经济的短暂繁荣，使资产阶级忘乎所以，声称资本主义已消灭了贫困，进入了"永久繁荣"阶段。然而，正当资产阶级洋洋得意的时候，一场空前的大危机突然降临。

"十月革命"的胜利，使俄国这一资本主义世界的巨大消费市场与资本主义世界相脱离，而且引发了殖民地、半殖民地国家的民族解放运动。殖民地半殖民地国家人民的反抗斗争，使帝国主义国家不敢再像以前那样无限制地掠夺资源和倾销商品，而第一次世界大战期间，各国民族经济的发展又冲击了帝国主义的商品市场。所有这一切，都使资本主义国家的国外市场相对变小了，从而导致资本主义国家生产与市场之间矛盾的加剧。在相对稳定时期，农业却长期处于慢性危机之中，工人的工资也没有随着工业的发展而相应地提高，这就使国内的消费市场逐步萎缩。一方面是生产的不断扩大，另一方面是市场的相对缩小，这样便加剧了生产与消费之间的矛盾，生产相对过剩的危机越来越严重，终于导致了 1929—1933 年资本主义世界经济危机的爆发。

1929 年 10 月，以纽约股票市场的崩溃为标志，美国爆发了一场资本主义生产过剩危机。它很快由美国向欧洲、加拿大、日本等主要资本主义国家蔓延，并波及许多殖民地、半殖民地国家和地区，席卷了整个资本主义世界。这次危机前后持续了 4 年，使整个资本主义世界经济损失 2500 亿美元，比第一次世界大战的物质损耗还多

800 亿。它成为到目前为止资本主义世界最为严重的一次经济危机。

20 世纪 20 年代中期，对西方资本主义国家来说，是经济繁荣的大好时光。股票投机成风，人们似乎从不怀疑这个市场有朝一日会突然崩溃。1929 年 10 月 24 日，这一天突然乌云密布，股市暴跌，被西方世界称作"黑色星期五"。纽约股票市场开盘后 1 个小时内就抛出了 1300 万股，超出正常标准的 100 万股以上。虽然花旗银行、大通银行和其他两个大银行的总裁们在摩根公司大厦策划买进 2.4 亿美元进行干预，仍然无济于事。10 月 29 日这一天更糟，总共抛出股票 1650 万股。到 12 月底，纽约市场股票价值总共下跌了 450 亿美元左右。1929—1932 年间，由于跌价而造成的证券贬值，美国为 840 亿美元。股市风波迅速席卷金融业、工业、农业等各个领域，一场空前的世界经济大危机开始了。

在整个大危机期间，金融货币、信用和财政陷入全面危机。股票价格指数下降的幅度，美国为 51%，德国为 32%，日本为 45%。1931 年 5 月 11 日，奥地利最大的信用银行倒闭，各国随即引起向银行挤兑存款风潮，国际货币体系和传统金本位制面临严峻挑战。7 月 13 日，德国达姆塔特国民银行宣告破产。9 月 21 日，英国宣布放弃金本位，禁止黄金出口，英镑贬值近 1/3。随后，日本等 56 个国家纷纷宣布放弃金本位，货币贬值。此后，资本主义世界货币体系四分五裂成若干个区域性的货币体系。它造成了国际支付体系的普遍受阻、资本输出几乎停止和对外贸易的大萧条。1929—1933 年，美国破产的银行共 10500 家，占银行总数的 49%。美国的进出口在 1930 年为 10.1 亿美元，而 1933 年只有 10 万美元。英、法、德、日的进出口总额都减少了 61% 以上。

大危机使工业生产大幅度下降，大量企业倒闭，无数工人失业。1932 年的工业生产总值与 1929 年相比，美国下降了 46.2%，德国下降了 40.2%，日本下降了 37.4%，意大利下降了 33.2%，法国下降了 31.9%，英国下降了 20%。危机使资本主义世界的工业大约倒退了 20 年。重工业损失尤为严重。美国的机床制造业下降了 80%，生铁下降了 79.4%，钢铁下降了 75.8%（倒退了 28 年），汽车下降了 74.6%，采煤下降了 40.9%。大危机使失业人数达到有史以来的最高纪录。美国的失业率高达 24.9%，德国高达 26.3%，英国为 21.3%。

大危机的蔓延造成了世界农业危机，涉及粮食种植业、畜牧业、林业等技术作业部门，造成生产的大破坏，农民收入大幅度减少，大量农民破产。在大危机的打击下，资本主义各国的国民收入大幅度下降，人民生活严重恶化。

伴随着资本主义世界的经济大危机，整个西方世界出现了社会大动荡，法西斯主义思潮泛滥，社会主义运动兴起，大规模的反饥饿运动和工人罢工运动高涨，各国面临严重的政治危机。

这次大危机的明显特点是持续时间长、危害程度深、渗透各个领域，涉及全世界，影响深远。在大危机的谷底过后并未出现繁荣，而是持续萧条，到 1937 年又发生了短暂的经济危机。由于二战的爆发，各国的经济才逐渐好转。

这次大危机是资本主义社会的周期性生产过剩危机。在某种意义上，这次大危机是第一次世界大战前后，资本主义世界潜在的经济问题和自由放任政策恶性发展相结合的产物。

20 世纪 30 年代大危机使得传统的自由放任的庸俗经济学发生危机，也使人们对现代资本主义发生信任危机。资产阶级为了摆脱危机，维护本国的统治，分别走上了不同的道路。美国实行罗斯福新政，在资本主义民主的范围内，强化国家对资本的干预；德、意、日则疯狂对外侵略扩张，最终导致了第二次世界大战的爆发。

南南合作

"南南合作"是指发展中国家间的经济合作（由于大部分发展中国家分布在南半球或北半球南部，因而发展中国家间的经济技术合作被称为"南南合作"），是建立在平等、自愿、互助、互利基础之上的，以建立国际经济新秩序为主要内容。20 世纪 50 年代的万隆会议揭开了南南合作的序幕。在 60 年代，随着不结盟运动的兴起和"七十七国集团"的成立，南方国家开始进行整体性的合作，同时，兴起了许多区域性经济和贸易组织。

进入 70 年代，绝大多数前殖民地国家已获得独立，南南合作有了良好的发展机遇，并取得突出成就，其标志是石油输出国组织（欧佩克）登上世界舞台。发展中国家通过欧佩克作为一个集体采取行动，干预世界石油市场，从中获取合理的利润。这是南方集体自力更生道路上的一个里程碑，是发展中国家第一次联合起来共同行动与北方争夺对一种重要产品的生产和价格的控制权。整个 70 年代在南方国家的集体斗争中，商品价格不断得以调整，许多南方国家经济增长显著。南南贸易大幅度增长，1970 年—1981 年之间，南南贸易在世界贸易总额中所占比例几乎增加了一倍。

20 世纪 80 年代以来，南南合作走向地区一体化。1980 年成立的拉丁美洲一体化协会取代了 60 年代初建立的拉丁美洲自由贸易协会，进一步推动该地区一体化的进程。同时，海湾合作委员会、阿拉伯合作委员会和马格里布联盟的诞生，也推动了中东和北非一体化的发展。1985 年南亚区域合作联盟产生加强了南亚国家的合作。进入 90 年代以来，南南合作的发展趋势在不断加强。

拥有 128 个成员国的"七十七国集团"也在积极开展活动。1991 年 11 月，在德黑兰举行部长级会议，发表《德黑兰宣言》。1992 年 2 月，在哥伦比亚召开的联合国贸易会议上，协调了南方国家的立场。第三世界国家在争取和平与发展、维护主权和独立、反对霸权主义和强权政治等基本问题上达成共识。

南南合作地区集团化趋势也在不断加强。在亚洲，东南亚国家联盟继续发展壮大。1995 年 7 月底，在文莱举行的第 28 届东盟外长会议上，正式接纳越南为第 7 个成员国，并希望把老挝、柬埔寨和缅甸 3 国也纳入进来。

在非洲，各国为加强经济合作和一体化采取务实措施，取得很大的进展。1991 年 6 月，非洲 51 个国家在非洲统一组织第 27 届首脑会议上签署了《建立非洲经济共同体条约》。1994 年 5 月，非洲经济一体化开始起步。

1992 年南部非洲 10 国决定把南部非洲发展协调会议改组为"南部非洲发展共同体"，随后接纳南非和毛里求斯为新成员国，为该共同体注入新的活力。1994 年年底，东南非地区 22 国首脑会议批准建立东南非共同市场。1994 年 1 月，西非货币联盟和西非经济共同体合并成立西非经济和货币联盟。

在拉美地区，90 年代以来，出现新的一体化组织。

1989 年 7 月，墨西哥、哥伦比亚和委内瑞拉成立"三国集团"，支持中美洲和平进程和一体化。1995 年伊始，"三国集团"的自由贸易区正式启动。

安第斯集团在 90 年代又重新活跃起来，并于 1991 年底建立安第斯自由贸易区。

1991 年 3 月，阿根廷、巴西、乌拉圭和巴拉圭 4 国总统在巴拉圭首都亚松森签署《亚松森条约》，宣布建立共同市场，推动拉美地区的经济一体化进程。1995 年 1 月，南方共同市场正式启动。

拉美地区常设性政治协调机构——里约集团也有发展，1994年9月，里约集团在里约热内卢举行第八次首脑会议，与会各国就许多问题进行了广泛的交流，达成广泛的共识。

◈ 欧盟的成立

欧洲曾经是西方文明的发源地，孕育了在近代以来领导世界潮流的西方化，也就是现代化。但是欧洲除了在罗马帝国时期，从来没有统一过。欧洲是由众多的民族组成的，各自的文明也很发达，从这意义上讲，欧洲似乎不可能统一。但是，欧洲的地缘政治和各方面的条件，却实实在在地推动了欧洲一体化进程。

欧盟成员国国旗

二战以后，欧洲各国越来越觉得自己说话声音的微弱。在国际上，美国和苏联成了两个超级大国，原来领导世界的西欧各国反而成了美国的附庸国。在这种情况下，1950年5月9日，根据法国外长罗伯特·舒曼的提议，西欧大陆诸国同意逐渐建立一个欧洲共同体，目的是通过建立欧洲煤钢共同体来促进欧洲经济发展和欧洲统一，并想以此"套住德国"，防止德国重工业再度发展为战争工业。法国的倡议很快得到联邦德国、比利时、荷兰、卢森堡和意大利五国的响应和赞同，六国于1951年4月18日在巴黎开会，签订了建立欧洲煤钢共同体的《欧洲煤钢联营条约》。1952年6月，"六国议会"批准了这个条约，欧洲煤钢共同体正式成立。

1955 年，在西西里岛墨西拿会议上曾讨论过建立西欧共同市场的计划，最后于 1957 年 3 月签订《罗马条约》，其宗旨是促进：①取消各成员国之间的贸易壁垒；②建立一个单一的对非成员国的商业政策；③最终协调成员国之间的运输系统、农业政策和一般经济政策；④取消私人和政府所采取的限制自由竞争的措施；⑤保证成员国之间劳动力、资本和工商企业家的流动性。共同体最初的成员国有法国、比利时、卢森堡、荷兰、意大利和西德。1958 年 1 月 1 日欧洲经济共同体开始运作。欧洲经济共同体有 4 个主要的机构：委员会、部长理事会、法院和欧洲议会；后两个机构还要处理欧洲共同体其他两个分支部门——欧洲煤钢共同体和欧洲原子能共同体的有关事务。

从一开始，欧洲经济共同体的主要目标之一就是要消除成员国对其他成员国出口所征收的关税和所实行的定额。因此，1959 年 1 月欧洲经济共同体便首次降低内部关税。这一举措证明在促进成员国之间的贸易方面卓有成效，以致到 1968 年 7 月所有共同体内部关税壁垒已取消。1958—1968 年期间，欧洲经济共同体成员国间的贸易额增长了 4 倍。同时，欧洲经济共同体已采用共同的外部关税，其所有成员国从非成员国进口货物时征收统一的关税。

1962 年共同体确定了一项共同的农业政策，其中包含有共同担保价格的体制。这种体制可防止从共同体外部低廉市场进口农产品，对共同体内部农产品提供保护。鉴于价格支持花费甚大和农产品生产国颇有怨言，1979 年共同体同意逐渐取消农业补贴，代之以干预价格以防农产品价格降至固定水平以下。

1965 年 4 月 8 日，法国、联邦德国、意大利、荷兰、比利时和卢森堡 6 国签订了《布鲁塞尔条约》，决定将欧洲煤钢共同体、欧洲原子能共同体（1957 年成立）和欧洲经济共同体（1957 年成立）的机构合并，统称"欧洲共同体"（简称"欧共体"），但 3 个组织仍各自存在，以独立的名义活动。《条约》规定：加强彼此间的经济、社会和文化合作，当任何缔约国受到武装攻击时，其他缔约国应提供援助，建立咨询理事会作为条约执行机构。《布鲁塞尔条约》于1967年7月1日生效。英国、丹麦和爱尔兰于1973年加入，希腊于1981年加入，葡萄牙和西班牙于1986年加入。以前的东德作为统一的德国的一部分于1990年被接纳加入。

1991年12月11日，欧共体马斯特里赫特首脑会议通过了建立欧洲经济货币联盟和欧洲政治联盟的《欧洲联盟条约》（通称《马斯特里赫特条约》，简称《马约》）。1992年2月7日，各国外长正式签署《马约》。经欧共体各成员国批准，《马约》于1993年11月1日正式生效，欧共体开始向欧洲联盟过渡。欧盟总部设在比利时首都布鲁塞尔法律大街200号一座"十"字形的大厦内。

根据《马约》，欧盟的宗旨是"通过建立无内部边界的空间，加强经济、社会的协调发展和建立最终实现统一货币的经济货币联盟，促进经济和社会的均衡、持久进步"，并"通过实行最终包括共同防务政策的共同外交和安全政策，在国际舞台上弘扬联盟的个性"。

1995年奥地利、芬兰和瑞典参加了欧洲联盟，于是也加入了欧洲共同体。

1999年1月1日，欧元正式启用。除英国、希腊、瑞典和丹麦外的11个国家于1998年成为首批"欧元国"。2000年6月，欧盟在葡萄牙北部城市费拉举行的首脑会议批准希腊加入欧元区。会议还决定在2003年以前组建一支5000人的联合警察部队，参与处理发生在欧洲的危机和冲突。2002年1月1日0时，欧元正式流通。2006年7月11日，欧盟财政部长理事会正式批准斯洛文尼亚在2007年1月1日加入欧元区，这将是欧元区的首次扩大。同时该国将成为新加入欧盟的10个中东欧国家中第一个加入欧元区的国家。2008

年6月19日，欧盟峰会批准斯洛伐克在2009年加入欧元区，从而成为第16个使用欧元的欧盟成员国。

2000年12月7日—11日，欧盟在法国尼斯举行首脑会议，会议通过了旨在改革欧盟机构、为欧盟东扩铺平道路的《尼斯条约草案》。会议还审议和批准了"欧洲安全与政治报告"等文件和一些决议。根据这些文件和决议，2000年5月成立的欧盟政治与安全委员会、军事委员会和军事总参谋部3个临时政治军事机构被转为常设机构开始运转；欧盟快速反应部队的筹建方案将进入实施阶段；负责监管欧洲食品安全的欧盟食品安全署定于2002年初开始工作。

欧盟的主要机构有：1. 理事会：决策机构，分为欧洲理事会（即欧盟首脑会议）和欧盟理事会（即部长理事会）。前者负责确定大政方针，每半年举行一次例会，必要时召开特别首脑会议；后者负责日常决策，拥有欧盟立法权。理事会实行主席国轮值制，任期半年，对外实行"三驾马车"（即现任、下任主席国和欧盟共同外交与安全政策高级代表兼理事会秘书长）代表制。2. 欧盟委员会：常设执行机构，负责实施欧共体条约和理事会作出的决定，向理事会和欧洲议会提出报告和立法动议，处理欧盟日常事务，代表欧盟对外联系及负责经贸方面的谈判。3. 欧洲议会：监督、咨询机构，具有部分立法权。此外还有欧洲法院（仲裁机构）、欧洲审计院和经社委员会（咨询机构）等机构。

经过几十年的建设，欧盟已建立了关税同盟，实行共同外贸、农业和渔业政策，创立了欧洲货币体系，建立了总预算制度。1993年1月，统一大市场正式启动，基本实现了商品、人员、资本和服务的自由流通。1997年10月，欧盟15国签署了《阿姆斯特丹条约》，在加强共同外交与安全政策及内政司法合作方面取得进展。1999年5月1日，该条约正式生效。1999年1月1日欧元已如期启动。首批"欧元国"为德国、法国、意大利、西班牙等11国。2002

年 1 月 1 日，欧元现钞开始流通。2002 年 7 月 1 日，欧元完全取代 11 国货币，成为欧元区统一货币。英国、丹麦、瑞典、希腊作为非欧元国也在积极向欧元区靠拢。1998 年 3 月，欧盟与波兰、匈牙利、捷克、斯洛文尼亚、爱沙尼亚和塞浦路斯 6 个首批候选国开始举行入盟谈判，争取于 2005 年实现首轮东扩。在 2002 年 12 月 12 日和 13 日的哥本哈根首脑会上，欧盟 15 国领导人同波兰、匈牙利、斯洛伐克、立陶宛、拉脱维亚、塞浦路斯、马耳他、捷克、斯洛文尼亚和爱沙尼亚 10 个候选国达成全面协议，这 10 国将于 2004 年 5 月 1 日正式成为欧盟成员国。2007 年 1 月，罗马尼亚和保加利亚两国加入欧盟，欧盟经历了 6 次扩大，成为一个涵盖 27 个国家总人口超过 4.8 亿的当今世界上经济实力最强、一体化程度最高的国家联合体。

关于《申根协定》，1995 年 3 月 26 日，旨在取消对各类人员边界检查的该协定在法国、德国、荷兰、比利时、卢森堡、西班牙、葡萄牙 7 国正式生效。1997 年 12 月和 1998 年 4 月，希腊和意大利、奥地利先后宣布实施协定。至此，协定生效国已增至 10 个。1996 年 12 月，瑞典、芬兰、丹麦在卢森堡签署协定，但尚未实施。英国和爱尔兰由于内政原因未签署协定。该协定已纳入欧盟《阿姆斯特丹条约》。

欧盟与世界大多数国家和地区建立了关系，并缔结了贸易、经贸合作或联系国协定。目前有 165 个国家向欧盟派驻外交使团，欧盟委员会也已在 126 个国家及国际组织所在地派驻代表团。近年来，欧盟积极开展全方位外交，调整了同美国、日本的关系，加强与俄国的合作。积极准备吸纳中东欧国家入盟，加强与独联体国家的关系。推动欧地合作，计划与地中海沿岸 12 国于 2010 年建成欧洲—地中海自由贸易区。欧盟重视发展与亚洲和拉美国家的关系。1994 年制定了《走向亚洲新战略》，1996 年和 1998 年在曼谷和伦敦先后举行了首届和第二届亚欧首脑会议，并于 2000 年 10 月在汉城举行第三届亚欧首脑会议。1999 年 6 月，欧盟与拉美国家在里约热内卢举行了首届欧拉首脑会议，2002 年在西班牙举行第二届欧拉首脑会议。

欧洲一体化的进程，最终会使得欧洲各国越来越用一个声音说话，从而在世界上占有一极。从政治经济实力来看，欧洲各国的实力还在美国之上。在这种情况下，一个统一欧洲的出现，势必带来世界政治经济格局的变化，结束美国独霸天下的局面，使世界更加走向多极化，对世界历史的走向产生影响。

◈ 世界贸易组织

世界贸易组织（WTO）是一个独立于联合国的永久性国际组织，它与国际货币基金组织（IMF）、世界银行（WB）一起被称为"世界经济发展的三大支柱"。1995 年 1 月 1 日正式开始运作，负责管理世界经济和贸易秩序，总部设在瑞士日内瓦莱蒙湖畔。1996 年 1 月 1 日，它正式取代关贸总协定临时机构。世界贸易组织是具有法人地位的国际组织，在调解成员争端方面具有更高的权威性。它的前身是 1947 年订立的关税及贸易协定。与关贸总协定相比，世界贸易组织涵盖货物贸易、服务贸易以及知识产权贸易，而关贸总协定只适用于商品货物贸易。

世界贸易组织成员分四类：发达成员、发展中成员、转轨经济体成员和最不发达成员。2006 年 11 月 7 日，世界贸易组织总理事会在日内瓦召开特别会议，正式宣布接纳越南成为该组织第 150 个成员。这样，世界贸易组织正式成员增加到 150 个。

建立世界贸易组织的设想是在1944年7月举行的布雷顿森林会议上提出的。当时设想在成立世界银行和国际货币基金组织的同时，成立一个国际性贸易组织，从而使它们成为二次大战后左右世界经济的"货币—金融—贸易"三位一体的机构。1947年联合国贸易及就业会议签署的《哈瓦那宪章》同意成立世

世界贸易组织的标志

界贸易组织，后来由于美国的反对，世界贸易组织未能成立。同年，美国发起拟订了关贸总协定，作为推行贸易自由化的临时契约。1986年关贸总协定乌拉圭回合谈判启动后，欧洲共同体和加拿大于1990年分别正式提出成立世界贸易组织的议案。直到1994年4月，在摩洛哥马拉喀什举行的关贸总协定部长级会议才正式决定成立世界贸易组织。

2003年8月30日，世界贸易组织总理事会一致通过了关于实施专利药品强制许可制度的最后文件。根据这份文件的规定，发展中成员和最不发达成员因艾滋病、疟疾、肺结核及其他流行疾病而发生公共健康危机时，可在未经专利权人许可的情况下，在其内部通过实施专利强制许可制度，生产、使用和销售有关治疗导致公共健康危机疾病的专利药品。这不仅将大大降低相关专利药品的市场价格，而且将有利于更迅速和有效地控制、缓解公共健康危机，确保生命健康基本权利得到尊重和保护。

2005年12月13—18日，世界贸易组织第六次部长级会议在中国香港举行，会议通过了《部长宣言》，规定发达成员和部分发展中成员2008年前向最不发达国家所有产品提供免关税、免配额的市场准入；发达成员2006年取消棉花的出口补贴，2013年年底前取消所

有形式农产品出口补贴。

世界贸易组织的主要职能是：组织实施各项贸易协定；为各成员提供多边贸易谈判场所，并为多边谈判结果提供框架；解决成员间发生的贸易争端；对各成员的贸易政策与法规进行定期审议；协调与国际货币基金组织、世界银行的关系，提供技术支持和培训。

世界贸易组织的宗旨是：提高生活水平，保证充分就业和大幅度、稳步提高实际收入和有效需求；扩大货物和服务的生产与贸易；坚持走可持续发展之路，各成员应促进对世界资源的最优利用、保护和维护环境，并以符合不同经济发展水平下各成员需要的方式，加强采取各种相应的措施；积极努力确保发展中国家，尤其是最不发达国家在国际贸易增长中获得与其经济发展水平相适应的份额和利益。

世界贸易组织的目标是建立一个完整的，包括货物、服务、与贸易有关的投资及知识产权等内容的，更具活力、更持久的多边贸易体系，使之可以包括关贸总协定贸易自由化的成果和乌拉圭回合多边贸易谈判的所有成果。

世界贸易组织的基本原则是非歧视贸易原则，包括最惠国待遇、透明度和国民待遇条款；可预见的和不断扩大的市场准入程度，主要是对关税的规定；促进公平竞争，致力于建立开放、公平、无扭曲竞争的"自由贸易"环境和规则；鼓励发展与经济改革。

世界贸易组织的组织机构包括部长级会议、总理事会、各专门委员会、秘书处与总干事等。

部长级会议是世界贸易组织的最高决策权力机构，由所有成员国主管外经贸的部长、副部长级官员或其全权代表组成，一般两年举行一次会议，讨论和决定涉及世界贸易组织职能的所有重要问题，并采取行动。其主要职能是：任命世界贸易组织总干事并制定有关规则；确定总干事的权力、职责、任职条件和任期以及秘书处工作

人员的职责及任职条件；对世界贸易组织协定和多边贸易协定做出解释；豁免某成员对世界贸易组织协定和其他多边贸易协定所承担的义务；审议其成员对世界贸易组织协定或多边贸易协定提出修改的动议；决定是否接纳申请加入世界贸易组织的国家或地区为世界贸易组织成员；决定世界贸易组织协定及多边贸易协定生效的日期等。下设总理事会和秘书处，负责世界贸易组织日常会议和工作。世界贸易组织成员资格有创始成员和新加入成员之分，创始成员必须是关贸总协定的缔约方，新成员必须由其决策机构——部长会议以三分之二多数票通过方可加入。

第一次部长级会议于 1996 年 12 月在新加坡召开，第二次会议于 1998 年在瑞士日内瓦召开，第三次会议于 1999 年 11 月在美国西雅图召开，第四次会议于 2001 年 11 月在卡塔尔首都多哈召开，第五次会议于 2003 年 9 月在墨西哥坎昆召开，第六次会议于 2005 年 12 月在中国香港召开。

总理事会在部长级会议休会期间负责日常事务，其职能由总理事会行使，总理事会也由全体成员组成。总理事会可视情况需要随时开会，自行拟订议事规则及议程。同时，总理事会还必须履行其解决贸易争端和审议各成员贸易政策的职责。其下设有货物贸易理事会、服务贸易理事会、知识产权理事会。这些理事会可视情况自行拟订议事规则，经总理事会批准后执行。所有成员均可参加各理事会。

各专门委员会：部长会议下设立专门委员会，以处理特定的贸易及其他有关事宜。目前已设立贸易与发展委员会；国际收支限制委员会；预算、财务与行政委员会；贸易与环境委员会等 10 多个专门委员会。

秘书处与总干事：由部长级会议任命的总干事领导的世界贸易组织秘书处（下称"秘书处"），设在瑞士日内瓦，大约有 500 人。

秘书处工作人员由总干事指派，并按部长会议通过的规则决定他们的职责和服务条件。部长会议明确了总干事的权力、职责、服务条件及任期规则。世界贸易组织总干事主要有以下职责：可以最大限度地向各成员施加影响，要求它们遵守世界贸易组织规则；总干事要考虑和预见世界贸易组织的最佳发展方针；帮助各成员解决它们之间所发生的争议；负责秘书处的工作，管理预算和所有成员有关的行政事务；主持协商和非正式谈判，避免争议。

截至 1999 年 5 月，世界贸易组织共有 30 多个理事会和常设委员会。

1995 年 7 月 11 日，世界贸易组织总理事会会议决定接纳中国为该组织的观察员。中国自 1986 年申请重返关贸总协定以来，为复关和加入世界贸易组织已进行了长达 15 年的努力。

2001 年 12 月 11 日，中国正式加入世界贸易组织，成为其第 143 个成员。

■ 战 争 篇

❖ 美国独立战争

1775 年 4 月，马萨诸塞总督兼驻军总司令盖奇得到一个消息：在距波士顿不远的康科德镇上，有"通讯委员会"的一个秘密军需仓库。盖奇立即命令少校史密斯率 800 名英军前往搜查。部队连夜出发了，4 月 19 日凌晨，他们来到了离康科德 6 英里的小村庄——莱克星顿。

英军在黎明前的薄雾中向前行进，经过一夜行军，他们个个困惫不堪。忽然，他们发现村外的草地上站着几十个村民，正手握长枪严阵以待。史密斯知道这些武装村民就是莱克星顿的民兵，北美大陆殖民地上的居

莱克星顿的北美民兵

民都叫他们"一分钟人"，因为他们有着强烈的爱国热忱，行动特别迅速，只要一听到警报，在一分钟内就能集合起来，立即投入战斗。让史密斯吃惊的是，这些民兵为什么这么快就知道英军的行动呢？

原来，"通讯委员会"的侦察员早就得到了情报，并立刻在波士顿教堂的房顶上挂起一盏红灯。"通讯委员会"的信使、雕版匠保尔·瑞维尔看到后立即骑马赶到康科德报警。

"射击！给我冲！"史密斯一看对方只有几十个人，原来有些紧张的心马上放松下来。他根本没把这几十个衣服破烂的民兵放在眼里，举起指挥刀发出了命令。

莱克星顿的民兵立刻还击，猛烈抵抗英军的进攻，枪声回响在莱克星顿的上空，传得很远很远。几分钟后，枪声渐渐疏落，民兵们因为人少、地形不利很快撤离了现场，分散隐蔽起来。

史密斯初战告捷，非常得意，就指挥士兵直奔康科德。英军赶到镇上时，天已大亮，但街道上却看不见一个人，家家关门闭户，显得冷冷清清，史密斯下令搜查，英军进入各家翻箱倒柜，折腾了大半天，什么也没找到。原来，民兵早已把仓库转移，"通讯委员会"的领导人也隐蔽起来了。

"撤！"史密斯觉得情况有些不妙，连忙下令撤退。这时，镇外喊杀声、枪声陡然大作，附近各村镇的民兵已得到消息，从四面八方向康科德赶来，包围了正在撤退的英军。他们埋伏在篱笆后边、灌木丛中、房屋顶上、街道拐角处向英军射击。英军一批又一批倒在地上，而当英军举枪还击时却连民兵的影子也找不到。英军一路向波士顿退却，沿途遭到民兵的不断袭击，狼狈不堪。

战斗一直持续到黄昏，最后还是从波士顿开来的一支援军，才把史密斯等人救了出去。这一仗，英军死伤247人，民兵牺牲了几十人，剩下的英军弹药耗尽，回想起来也是心有余悸，他们第一次尝到殖民地人民"铁拳"的滋味。有个士兵说："我48小时没吃一点东西，帽子被打掉了3次，2颗子弹穿透上衣。我的刺刀也被人打掉了。"

莱克星顿的枪声震动了大西洋沿岸的13个殖民地。美国独立战争从此开始。

早在 1607 年，英国伦敦公司就向北美的詹姆士河沿岸遣送了 120 位移民。在那里，移民建立了詹姆士城，从此开始了英国在北美建立殖民地的过程。到了 18 世纪 30 年代，在大西洋沿岸和阿巴拉契亚山脉之间，英国殖民者已经建立起了 13 个殖民地。

英国在北美建立殖民地虽然已有 168 年了，但它却一直没有在殖民地为英王建立起强有力的军事官僚统治机器。除了对外贸易的权力以外，殖民地的内部自治权力一直都掌握在当地殖民统治者手里。英国政府企图加强对北美殖民地的统治，以弥补这一缺陷。为此采取了一系列新的殖民政策，如增加税收、在北美驻军等。这样，作为宗主国的英国，就同北美人民、特别是北美新生的商人资产阶级和种植园主，在利益上形成了尖锐的对立。为了从根本上摆脱英国的殖民统治，18 世纪下半叶，殖民地人民积极投身到反英斗争中去，开始了争取美国独立的斗争。

战争刚刚开始的时候，英军趾高气扬，不可一世。他们从长岛登陆，仗着兵力、武器及海军的优势，使在仓促间组织起来的大陆军遭到重创。1777 年，英军进军费城。本来，英军如果集中兵力，采用速战速决的办法，是有机会彻底击溃大陆军的主力部队的。但是，英军却采取了错误的分散行动，使北路的精锐兵力在哈德逊河上游的萨拉托加遭到了惨败，打破了英国军队企图分割包围"新英格兰"的战略。

乔治·华盛顿

这场战斗的胜利，极大地鼓舞了美国人民的士气。而在英国，则使国内的许多人士主张与美国讲和，放弃战争。正是由于这场战役的胜利，也促使法国等国决定参加到战争中来，帮助美国人民反对英国。因此说，萨拉托加大捷对整个战争的进程发生了决定性的影响。

1778 年 2 月，法国正式承认了北美独立，并且与美国签订了《美法同盟条约》。9 月，法国派遣了一支 6000 人的军队，乘兵船增援美军总司令华盛顿。随后，西班牙、荷兰等也加入了对英的作战。俄国、瑞典、丹麦等国则组成"武装中立同盟"，反对英国在公海上的军事活动。这样，英国陷入了多面受敌的困境之中，而美国则在外交、军事和财政等多方面得到了国际援助。从普鲁士请来的军事专家，对新建立的正规军进行了严格的训练，大大提高了军队的素质和作战能力。当英军后来又把战火引到南部时，当地人民运用自己创造的游击战术，给予英军沉重的打击。

1781 年 4 月，在法国舰队的支援下，英军主力被包围在弗吉尼亚海湾的约克镇。经过激烈的战斗，7000 多名英军士兵走投无路，只得在指挥官康沃利斯的率领下缴械投降。英军的投降，宣布了英国在征服北美殖民地战争中的最终失败。这样，美国人民长达 6 年的独立战争胜利结束。

1783 年 9 月 3 日，美、英两国在巴黎签订了《巴黎和约》，英国正式承认了美利坚合众国的独立。美国不仅保留了原先 13 个殖民地的全部疆土，还获得了从阿巴拉契亚山到密西西比河的广大地区。

独立战争的胜利，使美国摆脱了英国的殖民统治，实现了国家的独立，为美国资本主义的发展扫除了障碍。同时，美国的独立战争，对整个世界产生了极大的影响。从此以后，各殖民地国家的人民为争取民族解放和独立，纷纷开始向殖民统治当局展开不屈不挠的斗争。

拿破仑兵败滑铁卢

1815 年 3 月 1 日，已被迫退位、并遭到流放的拿破仑率领 1000 余名士兵偷渡回国，沿途守军纷纷重新聚集在他的鹰徽旗下。3 月 20 日，拿破仑凯旋巴黎，重登皇位（史称"百日王朝"）。在维也纳开会的同盟国一派哗然，他们立即放弃了彼此间的争吵，再次联合起来，并宣布拿破仑为"世界和平的扰乱者和人类公敌"，将不受法律保护。3 月 25 日，英、俄、普、奥、意、荷、比等国组成了第七次反法同盟，决心彻底打垮这个科西嘉怪物。同盟国约定在 6 月 27 日—7 月 1 日之间同时越过法境。

当时，拿破仑考虑到法军兵力不足，决定先发制人，以快制敌，首先击破最近的两个敌手威灵顿和布吕歇尔，然后腾出手来对付俄、奥两军。为了隐蔽自己的意图，达到迷惑和麻痹敌人的目的，拿破仑指示手下在巴黎周围建筑防御要塞，他自己也尽量拖延离开巴黎的时间，从而给敌人造成他准备在巴黎附近打一场防御战的错觉。

拿破仑

当法军全面集中之时，联军对敌情却毫无所知，威灵顿还以为拿破仑仍在巴黎加强防务。6 月 15 日，拿破仑在利尼将普鲁士军队包围，迅速发动攻击。利尼一战，普军死伤约 1.6 万人，法军伤亡同样惨重，共损失了 1.1 万人。拿破仑对这一仗非常不满意，他认为如果不是

部队的行动迟缓，他一定会在利尼将普军全部消灭。现在的普军只是被击败，并没有被消灭。

威灵顿在得到布吕歇尔战败的消息之后，他看到自己的左翼已完全暴露，随时都有被法军迂回包围的危险，当即决定向布鲁塞尔南面22千米的滑铁卢地域撤退，并把阵地设在滑铁卢以南约3千米处的一片丘陵地带上。威灵顿的兵力共6.8万人，火炮156门。

拿破仑面对联军阵地，将部队在拉贝尔同盟岭的前坡上展开。雷耶的第2军居左，以1个骑兵师为后援；戴尔隆的第1军居右，以1个骑兵师为后援；内伊指挥中军，以洛鲍的第6军、近卫军和2个骑兵师为后援。拿破仑的兵力共7.2万人，火炮246门。

1815年6月18日上午11时，拿破仑向各军军长下达了他一生中最后的作战命令，要求各军务就其位，做好一切战斗准备。11时30分，战幕拉开，法军80门大炮同时向英军阵地轰击。

下午1时30分，法军全面进攻开始。戴尔隆的第1军从左至右一线排开，左翼为第1师，在轻骑兵旅的支援下，进攻敌军中央阵地正前方的拉海圣庄园，其余3个师进攻敌军的左翼。法军从四面围攻拉海圣庄园，由于拉海圣庄园的主体是个非常坚固的砖石建筑物，守军龟缩在里面进行顽强的抵抗，法军一时难以攻占。

法军在霍高蒙特和拉海圣两地久攻不克，致使大军无法向纵深推进，拿破仑开始有些担心了，不断地猛吸着鼻烟。下午3时30分，法军再度向这两地发起猛烈攻击，拿破仑决定不论付出多大代价，也要在敌方援军赶到之前拔掉这两颗钉子。面对法军凌厉的攻击，两地的守军损失严重，弹药也快用完，但他们仍坚持不动。拿破仑为此焦急不安。

这时，内伊自作主张，命令米豪德的骑兵师和部分近卫骑兵约5000人，对敌主阵地发起冲击。4时左右，在炮火的掩护下，5000名骑兵如潮水般向拉海圣和霍高蒙特之间狭窄的正面冲去，很快就冲上对方阵地，俘虏了联军全部火炮。法军步兵没有跟上，炮兵也因怕误伤自己人而停止射击，结果，5000名骑兵难以继续前进无法突破发射着猛烈排枪火力的敌军步兵方阵。正当法军骑兵前进受阻的时候，威灵顿又将他的5000名骑兵预备队投入了战斗，形势立即发生逆转，法军再次被打退，原已成为法军战利品的联军火炮，又在背后打了起来。

拿破仑担心若是法国骑兵失败，会影响军心。于是他铤而走险，抛出了法军骑兵的全部预备队去支援内伊。万名骑兵如同旋风一般向敌方阵地卷去，狭小的战场上马头挤着马头，后面只有一个排炮连伴随掩护，步兵们没能跟随前进。这时，英军也加强了防御力量，炮兵不断进行猛烈的射击，步兵也充分发挥了排枪的火力，结果，法军一连5次大规模的冲击全被打退，损失惨重。

经过长时间的激战，法军终于攻占了拉海圣。但是由于伤亡过重，法军已无力再向纵深和两翼扩大战斗。

下午18时30分，法军右翼突然传来了一片呼喊声和射击的轰响声。原来，布吕歇尔率领的3万普军打退了前去阻击的法军，赶到了战场。几经激战之后，普军占领了距离拿破仑指挥所只有1000多米的南普西特村。

最后的冲击开始了，战场上出现了一幅极为壮观的景象：大约4000名身经百战的法国近卫军官兵组成了一个排列极为严密的进攻方阵，他们同内伊的部队一起，在猛烈的炮火掩护下，向敌军阵地挺进。他们边挺进边整齐地高呼"皇帝万岁"。法军很快突破英军的防御，冲到了山顶上的英军阵地。眼看就要大功告成了，突然听到威灵顿一声令下："近卫军，起立，准备战斗！"从山后的反斜面上一下子出现了两个营的英国近卫军，他们等法军离他们只有五六十步的时候，一起猛烈地开火。面对仿佛是从地底下冒出来的英军，法军来不及还击，就一排排地倒下来了。

普军的 2 个军则更加猛烈地向法军右翼发起进攻。法军两面受敌，阵脚大乱。这时的拿破仑再也没有预备队可用了，威灵顿意识到发起全线反击的时刻已经到来了。他骑马来到阵前的突出部位，脱下帽子在空中摇晃着，大声喊道："是时候了，我的孩子们！"反击信号一经发出，4 万名英军官兵从山上直扑下来，法军招架不住，纷纷败退。

前一天还是青翠碧绿的田野和山坡，此时变成了血的海洋。据估计，此战威灵顿军团死伤 1.5 万人，布吕歇尔军团死伤 7000 人，而法军死伤 2.5 万人，被俘虏 8000 人。

不久，拿破仑被反法联盟各国送到远离欧洲大陆的圣赫勒拿岛，这位伟人从此一蹶不振，再也无所作为。

拿破仑的失败，宣告了法兰西第一帝国的彻底灭亡，在某种程度上，欧洲又回到了法国大革命前的模样，资产阶级革命遭到了挫折，帝制全面复辟。拿破仑的失败，也宣告了长期以来法国与英国争夺霸权的失败，法国失去了欧洲霸主的地位，而英国在全世界范围内成为一个日不落帝国。同时，拿破仑帝国的覆灭，也使欧洲各国可以拿出力量来在世界各地开辟殖民地，从此亚非人民陷入了无边的苦难中。

◆ 芝加哥工人大罢工

经历独立战争、南北战争后，美国资本主义得到了极大的发展。特别是在南北战争打碎了奴隶制的枷锁后，美国工业更是以惊人的速度发展起来。1860 年—1894 年，美国工业总值增长了 4 倍，从世界第四跃居首位。1890 年，全国 36.1% 的人口为城市人口。美国从

一个以农业为主的国家，很快发展成为一个工业化国家。

从 1869 年开始，第一条横贯东西的铁路修建完成，此后又有 4 条不同的铁路干线完成。这些铁路，对开发美国中西部的资源非常有利，直接推动了煤炭、钢铁、机器制造等重工业的发展。此外，新技术大量出现，大批新兴工业开始兴起，特别在电器工业方面，爱迪生的白炽灯、贝尔的电话等，对美国经济的发展都作出了很大贡献。

资本主义经济的发展，使得美国产业工人的数量迅速扩大。仅制造业工人的人数就从 1859 年的 131 万增加到了 1889 年的 425 万。此外，还有大量从事采矿、建筑、运输等行业的工人。

随着经济的发展，资本家的财富和生活水平急剧增加和提高，但是工人却连一般生活水平都不能得到保障。根据 1879—1881 年马萨诸塞州的资料显示，当时这个州 2% 的富人拥有全州财富的 2/3。这些富裕的资本家，生活极其糜烂奢侈。著名美国史学家比尔杜夫妇这样描写当时的资本家生活："他们骑马游宴，用鲜花和香槟喂马；给小狗戴上价值 15000 美元的钻石项圈；用 100 元的钞票包香烟，把黑色珍珠嵌在牡蛎中送给宾客。"

与此相对比的，资本家千方百计延长工人的工作时间，让他们干最脏、最累的活，尽量压低工人的工资。因此，这些生活、工作条件极差的工人，过着非常悲惨的生活。马萨诸塞州一个鞋厂的监工说："让一个身强力壮、体格健全的 18 岁小伙子，在我这里的任何一架机器旁工作，我能够让他在 22 岁时头发变成灰白。"

另外，随着机器的广泛应用，资本家以更低的工资雇佣了大量女工及童工。到 1880 年的时候，美国童工已经达到了 100 多万人。

虽然技术的发展提高了工人们的劳动效率，但是他们在同样的工资下却还要工作很长的劳动时间。1860 年，美国工人的每个工作日平均要工作 11 个小时，直到 1880 年，这个数字还没有得到改变。

那些非技术的黑人移民工人每天甚至要比白人工人工作更长的时间。在某些行业，工人们每天要劳动 16—18 小时，但工资却很低。

沉重的阶级压迫激起了工人阶级的巨大愤怒。他们奋起反抗，先后组织多个全国性工人组织，领导工人罢工。

1866 年 8 月，美国工人在组织者威斯的领导下，成立了全国劳工同盟。成立之初，全国劳工同盟就宣布其任务是"实现 8 小时工作日"，提出"在目前，为把我国劳工从资本的奴役下解放出来，要做的第一件大事，就是制定一部法律使美国各州以 8 小时为法定工作日"。

在工人的坚决要求下，1867 年已经有 6 个州宣布采取 8 小时工作日，另外一些州也宣布对公职人员实施 8 小时工作日。1868 年，美国国会制定了美国第一个关于 8 小时工作日的法律，但是此法律只规定公职人员可以享受此待遇。

同时，这些法律的规定并没有得到资本家的完全遵守。他们利用法律漏洞拒绝缩减工时，或者在缩减工时时大量降低工资。1876 年，美国最高法院不得不宣布，联邦政府可以和其雇员分别订立有关工时的合同。此决议意味着上述法律的完全失效。

工人们感到受到了政府和资本家的欺骗。1877 年 7 月，美国全国铁路工人大罢工，抗议资方任意削减工资。工人们曾一度占领了几个大城市，但是在政府派去大批军队进行镇压的情况下，这次罢工最终失败了。

1873 年—1878 年，美国爆发了长达 6 年的经济危机，大量工厂和商业企业倒闭；大量工人失业，仅 1877 年—1878 年就有 300 万工人失业。1883 年，美国经济再次出现萧条，失业工人达到了 100 万，而且工人的平均工资下降了 15%，煤矿工人的工资更是下降了40%。因此，美国在 19 世纪 80 年代出现了大量工人罢工事件，劳资纠纷愈演愈烈。

1884 年 10 月，美国和加拿大的 8 个国际性和全国性工人团体在美国芝加哥举行代表会议。此会议通过了一项重要决议：要求于 1886 年 5 月 1 日举行总罢工，迫使资本家实施 8 小时工作制。这一号召得到了工人们的广泛响应和支持。

在争取 8 小工作日的斗争过程中，芝加哥工人站到了运动的最前列。当时领导着工人运动的，有激进的无政府主义者和左翼社会主义者。他们在筹备第二年工人大罢工的过程中起到了很大的作用，也使得芝加哥成为全国工人运动的中心。

1886 年 5 月 1 日，美国芝加哥、纽约、巴尔的摩、波士顿、华盛顿等大工业城市的 2 万多个企业的 35 万工人停工上街，高举争取 8 小时工作日的条幅和标语牌，举行了声势浩大的示威游行。各种肤色、各个工种的工人一起进行总罢工，向政府和资本家示威。这一天，美国的主要工业部门都处于瘫痪状态。

芝加哥的很多工人迫使雇主让步，争取到了 8 小时工作制，一些资本家还被迫放弃他们原来实行的星期天不放假的做法，同时缩短星期六的劳动时间。但是在更多的工厂里，企业主和罢工工人形成了互不相让的对峙局面。

此时，芝加哥警察和巡逻队高度戒备，全副武装，随时准备镇压这次罢工。冲突首先在芝加哥麦克米克收割机厂开始爆发。该工厂原先的 1000 多名工人参加了罢工，但是资本家根本不理会工人们的要求，在封闭工厂之后雇佣了 300 名顶替工人，在几百名警察的护卫下继续开工生产。

5 月 3 日，罢工工人和顶替工人在工厂附近发生冲突，警察在没有任何警告的情况下朝罢工人开枪射击，造成至少 4 名工人死亡，多人受伤。

5 月 4 日傍晚，罢工工人在芝加哥草集广场集会抗议警察的暴行。大约 3000 名工人参加了这次集会，工人运动的 3 个重要领导人费尔登等人到会做演讲。到晚上 10 点钟左右，费尔登做完最后一个演讲后，人群已经开始解散，广场上大约还剩下 1/3 的人。这时，广场突然开进了由 180 名警察组成的队伍，要求留下的群众立即解散。正在这时，有人朝警察扔了一颗炸弹，并在警察群中爆炸，当场炸死 1 个警察，还有 6 个警察后来死于医院，70 多个警察受伤。虽然费尔登高呼这是一次和平集会，但是警察还是向集会群众开枪，打死打伤很多工人。

到底是什么人向警察扔的炸弹，一直没有查出来。政府随后袭击了工会领导者的家，数以百计的人被逮捕。费尔登等 8 个工人领袖遭到逮捕。在"草集事件"发生后，巴尔逊并没有被捕，而是经过化装躲进了一个农庄中。但是当他听说其他工人领袖遭到逮捕并将被审判时，他决定和他的战友们站在一起。在审判开始时，巴尔逊走入法庭，对法官说："法官阁下，我和我的同志们一起到庭。"在没有任何证据证明这些工人领袖和投弹者有关系的情况下，法院判决 7 人绞刑，1 人 15 年有期徒刑。所以这次审判被很多人认为是对美国法律的践踏。

工人不服，向州最高法院提起上诉，但是裁决是维持原判。后又向联邦最高法院提起上诉，但是最高法院根本就不受理此案。

此时，国际工人协会和国际工人领袖对此事给予了极大关注，德国著名社会主义领袖威廉·李卜克内西和马克思的女婿爱德华·艾威林甚至到狱中看望了被关押的工人领袖。美国国内一些知名人士和欧洲一些著名人物也纷纷给伊利诺伊州州长写信或者打电报，要求给被捕的人减刑。随着临刑时间的到来，各种抗议信、呼吁书潮水般涌向伊利诺伊州州长。在巨大的压力下，伊利诺伊最高法院在临刑之前一天决定把费尔登和一位领袖的死刑改为无期徒刑。但其余几名工人领袖仍按照原判处以死刑。

11 月 11 日，4 名工人领袖最终还是遭到杀害。然后当局将这些人的遗体交给他们的亲友安葬。他们的葬礼是芝加哥历史上规模最大的送葬队伍，几十万人列队路旁为草集广场的烈士送葬，2万多人护送遗体直到墓地，并在墓地竖起了纪念碑。

劳联主席贡佩斯曾经这样说："那个炸弹不仅炸死了警察，也炸死了我们后来几年的争取8小时工作制运动。"他把草集广场个别人对警察的暴力事件，并不看做是"革命的正确途径"，而是刚起来的工会运动受到的第一次沉重打击。在这个事件之后，资产阶级开始反扑，很多工厂又恢复了较长的工时。

但是工人要求赦免仍被关押的工人领袖的斗争还在继续。6年后，伊利诺伊新任州长宣布了赦免令，他说："这3个人被赦免，不是因为他们已经受够了罪，而是因为我相信他们是无辜的，而那已经被处死的人，是歇斯底里和司法不公的牺牲品。"到19世纪末，美国工人的平均工时从原来的10小时以上降低为9.5小时，到20世纪30年代时终于实现了8小时工作日，5天工作周。因此，五·一大罢工是8小时工作日运动的重要里程碑。

1889年7月14日，第二国际召开成立大会，会上决定将每年的5月1日定为国际劳动节，为组织大规模的国际性游行示威的日子。1890年5月1日，美国、英国、法国、德国、奥地利、澳大利亚、智利等几十个国家，举行了浩浩荡荡的游行示威。

◆ 第一次世界大战

奥匈帝国认为塞尔维亚是它向外扩张的障碍，因此，瓜分乃至全部吞并塞尔维亚、粉碎大塞尔维亚主义，是奥匈帝国的既定国策。1914年6月底，奥匈帝国在波斯尼亚举行以塞尔维亚为假想敌的军事演习，向塞尔维亚进行军事挑衅，激起了塞尔维亚民族主义者的极大愤慨。一个名为"黑手党"的塞尔维亚民族主义军人团体，决定以刺杀皇储斐迪南的行动，来打击奥匈侵略者的气焰。

1914 年 6 月 28 日上午 10 时，斐迪南夫妇在城郊检阅军事演习之后，乘敞篷汽车进入萨拉热窝市区巡视。埋伏在路旁人群中的黑手党成员查卜林诺维奇突然冲到车前，向斐迪南投掷了一枚炸弹。司机见此情景，加足马力，汽车冲向前方。炸弹落到随后的汽车上，炸死一名军官和几名群众。查卜林诺维奇当场被捕。斐迪南故作镇静，挥手示意"继续前进"。到市政厅出席了欢迎仪式，稍作休息之后，他又乘车上街，招摇过市。当汽车途经一拐角处时，17 岁的中学生加夫里若·普林西普冲上前去用枪打死了斐迪南夫妇。

德奥集团在暗杀事件发生后，欣喜若狂地叫嚣道："这是千载难逢的机会。"

奥匈帝国以萨拉热窝事件为借口，于 7 月 28 日悍然对塞尔维亚宣战。7 月 31 日，德国政府向俄、法两国同时发出最后通牒，要求俄国停止军事动员，法国在未来冲突中保持中立，但遭到两国的拒绝。于是，德国分别于 8 月 1 日、3 日先后对俄、法宣战。

8 月 1 日，德军占领了卢森堡，2 日下午，又向中立国比利时发出最后通牒，要求准许德军借道过境进攻法国。比利时拒绝了德军的无理要求，同时呼吁英、法、俄诸国保护它的中立地位。英国要求德国尊重比利时的态度，但遭到拒绝。8 月 4 日，英国对德宣战。8 月 6 日，奥匈帝国正式向俄国宣战。

欧洲大战爆发后，在极短的时间内便蔓延到远东和近东，日本为扩张在东亚的势力也趁火打劫。8 月 15 日，日本向德国发出最后通牒，要求德国军队立即撤出中国和日本领海，在 9 月 15 日之前，把德国租借的胶州湾和青岛移交给日本。德国拒绝了最后通牒，日本便于 8 月 23 日对德宣战。

从 1914 年 7 月 28 日起，在 3 个月的时间内，奥匈帝国和塞尔维亚的冲突就演变成世界大战。到 1918 年，以德、奥、土为一方，俄、法、英、日、比、塞等国为另一方，共有 31 个国家参加了战争，从而出现了战火蔓延至亚洲、非洲和美洲的首次世界规模的战争。

欧洲大陆是第一次世界大战的主战场。在那里有 4 条战线：西线的对阵形势是英、法、比军队与德军对抗；东线的对阵形势是俄国军队与奥匈、德国军队作战；巴尔干战线的对阵形势是塞尔维亚、门的内哥罗以及罗马尼亚、希腊等国军队与奥匈、保加利亚的军队作战；意大利战线的对阵形势是意大利军队对抗奥匈军队。其中，西线和东线起决定性作用。

位于比利时、法国北部和德国边境的西线，从北海延伸到瑞士边境，长 700 千米。1914 年 8 月初，德国按"施里芬计划"，首先在西线发起进攻。到 12 月，战争从运动战转为阵地战，形成双方相持局面。

在东线，俄军于 8 月中旬进攻东普鲁士。德军从西线抽调一部分军队去对付俄军。8 月底—9 月中旬，兴登堡指挥的德国军队在马祖尔湖地区歼灭了俄国第二集团军，继而攻下了俄国第一集团军司令部所在地——斯特尔堡。俄军被迫退出东普鲁士。与此同时，俄军挫败奥匈军队。截至年底，东线交战双方军队在阵地里对峙，呈相持状态。

1916 年，是大战关键性的一年。德国将重点放在西线，以法国凡尔登要塞为目标，发动了强大攻势。凡尔登位于法国的东北边境，是巴黎的前卫，也是法军战线的枢纽。1916 年 2 月 21 日，德军集中近 900 门大炮，辅之以飞机，向凡尔登马斯河左岸的法军阵地发起猛攻。法军被迫退至马斯河右岸。自 2 月 27 日起，法国用 3900 辆汽车运送援兵和武器，组织了有效的防御。双方不断增加兵力，反

复冲杀，形成拉锯战。德军仅推进7千米。6月初，德军20个师第二次大举进攻，但始终未能突破。8月，法军发起反突击。到9月，德军攻势停了下来。日德兰海战英、德损失很大，英国继续控制北海。

为了减轻凡尔登的压力，牵制德军对凡尔登的进攻，英、法军队按照预定计划，于7月1日发起了索姆河战役。战役从9月持续到11月中旬。索姆河战役和凡尔登战役一样，都是消耗战。几个月中，双方伤亡惨重，各损失约60余万人。英、法军队虽未达到预定的夺回失地的目标，但牵制了德军，使战局朝着有利于协约国的方向转化。两次战役以后，协约国集团人力、物力资源的优越性开始体现出来，它的军事装备已赶上同盟国，而军力则继续领先。在1916年的几次重大战役中，同盟国各国都遭到严重挫败，形势越来越不利。而协约国虽然未能击溃同盟国，但军事力量却在日益增长，并逐渐掌握了战略主动权。

1917年11月7日，俄国爆发了"十月社会主义革命"，以列宁为首的苏维埃政府宣布退出帝国主义大战，德国又鼓起了战争勇气，可以集中兵力对西线作战。德军统帅部把英军作为攻击的首要目标，企图击败英军后占领法国海岸，而后围歼法军。1918年3月，德军集结190多个师连续发动4次战役，在英、法联军的抵抗下，损失70多万人。7月中旬，德军的进攻力量枯竭。

美国军队陆续赶到，增强了英、法打败德军的决心。7月24日，协约国制订反攻计划：先打通被德军在马恩河、亚眠、圣米耶尔切断的铁路交通，然后实施全面反击，彻底打败德军。

7月18日，大规模反攻开始，经过马恩河战役、亚眠战役和圣米耶尔3场战役，德军节节败退。9月26日，联军总攻开始。28日，德军防线全面崩溃。29日，同盟国保加利亚投降。接着土耳其、奥地利相继签订停战协议，一战以协约国胜利和同盟国的失败而告终。

　　第一次世界大战的性质是一场帝国主义争霸战争，前后持续了51个月，有15亿人口被卷入战争，世界各国损失惨重。一战使德、奥、俄、土这4个帝国覆灭，英、法被削弱，美、日兴起，俄国建立了社会主义国家，影响极为深远。

德国突袭波兰

　　德国在第一次世界大战中战败后，被迫割让大片土地，但泽被划归波兰，因此通往波罗的海的波兰走廊将原本连成一片的德国领土分成了两块。自此之后，德国一直对失去但泽和波兰走廊而耿耿于怀。希特勒上台后，以极快的速度重整军备，在短短的几年间就变成欧洲最大的军事强国。

　　英国对德国的举动并没有反对。1933年3月，英国首相麦克唐纳提出一个裁军草案，要求各国大量裁减陆军人数，并同意德国在5年之内达到和法、意、波等欧洲国家同等的兵力。由于法国反对，这个期限从5年变成了8年。

　　但是德国还是反对，于10月14日致电裁军委员会，声称其他国家不裁军对德国不利，决定退出裁军会议。19日，德国又宣布退出国联。以此摆脱国联对它的约束。

　　从德国国内来讲，一战并没有完全摧毁德国经济。由于苏维埃俄国的诞生引起了英、美等国的恐慌，因此这些国家给了德国大量经济援助。德国仅从"道威斯计划"中就得到了美国8亿马克的贷款。在不到10年的时间里，德国就恢复了元气，到20年代末的时候，其工业产值就超过法国和英国而跃居世界第二位。

1929—1933 年的资本主义经济危机也打击了德国。但是由于德国、日本等国家走上了国家法西斯主义的道路，实行国民经济军事化，发展军事工业，因此德国等国迅速降低了失业率，摆脱了经济危机。到1938 年的时候，德国钢铁产量超过了英、法两国的总和，军火产量是英、美两国的两倍以上，成为欧洲第一军事大国。此外，意大利和日本的工业和军事都大幅度增长。

希特勒

德、日两国在政治、经济和军事方面都具有很多相似之处，因此早就想联盟，只是怕引起英、美等国的反对而不敢明目张胆。1935 年夏开始，日本驻德武官就缔结政治盟约开始接触，德国大使提议缔结《反共产国际协定》。1936 年 7 月，德方正式向日方提交了协定草案文本。同年 11 月，德、日两国代表在柏林签订了《德日反共产国际协定》。协定诬蔑共产国际干涉各国内政，威胁全世界和平，规定缔约国交换有关共产国际活动的情报。1 年之后，意大利也加入该协定，从此建立了"德—日—意"法西斯轴心同盟。

1937 年，战争的阴云已经笼罩在世界上空。日本在侵占了中国东北之后，又于该年 7 月 7 日发动了全面侵华战争；意大利侵占了埃塞俄比亚，并和德国一起干涉西班牙内战。至此，全世界已经有 5 亿人卷入了战争。

按照希特勒的计划，德国的侵略方案包括"先大陆、后海洋"的 3 步：首先建立一个包括中欧的"大德意志"，包括捷克斯洛伐克、奥地利和波兰走廊；然后打败法国，消灭苏联，称霸欧洲大陆；最后向海外发展，打败英、美等世界强国，称霸世界。

由于英国一直采取对德国的绥靖政策，其战略地位已经大不如前。在英国，形成了以丘吉尔为首的对德强硬派和以张伯伦为首的绥靖派。强硬派主张对内迅速扩大武装力量，"以英、法两国为核心，反对潜在的侵略者"。同时调整和苏联的关系，与其缔结反纳粹的"大联盟"。但是强硬派在国内被称为"战争贩子"，"不务正业"，因此绥靖派占了上风。不久，绥靖派代表张伯伦上台组阁。在德国宣布对外扩军备战之后，张伯伦意识到了德国对英国和世界的威胁，但是不希望造成英、法共同抗德的局面，以免过分刺激德国，同时希望能够在经济上帮助德国，以消除希特勒的对外侵略目标。张伯伦自信对欧洲局势和整个世界了如指掌，并认为自己完全有能力对付国内外的所有挑战。

很快，英国在张伯伦的主持下，调整和修改了军事战略，确定了轻重缓急的"防务次序"原则：首先必须保卫本土，其次保卫贸易线，然后保卫英国的海外殖民地和自治区，最后才是履行"欧亚大陆"的义务。

在张伯伦的战略构想中，德国对外扩张的目标是有限的，只是"民族主义的"，而不是为了统治欧洲，因此只要英国和法国做出某种让步，就能满足希特勒的野心。至于意大利，张伯伦认为它只不过是欧洲棋盘上的一个小棋子。由于德国和意大利在领土方面存在纷争，英国可以利用这个来削弱轴心国和德国的势力。因此，英国任由意大利侵占了埃塞俄比亚，对它插手西班牙内战也不闻不问，反而希望和意大利进一步加强关系。

1938年4月，张伯伦亲自访问意大利，与之签订了《英意协定》，英国承认意大利占领埃塞俄比亚的事实，并答应游说其他国家也承认此事。在英国的逼迫下，法国不得不关闭了法西边界，并且冻结了西班牙政府在法国的黄金储备。

英国的绥靖政策助长了德国的野心，希特勒决定提前实施原定的计划。根据奥地利国内形势的发展和意大利态度的变化，希特勒决定改变原定计划，首先侵占奥地利，然后解决捷克斯洛伐克问题。

从1937年开始，德国唆使奥地利的纳粹分子不断制造事端。奥地利政府忍无可忍，命令警察查抄了奥地利纳粹组织的中央机构。希特勒乘机对奥地利政府施加压力，并要求奥地利政府取消对纳粹党的禁令，大赦纳粹分子。1938年2月19日，奥地利政府进行改组，纳粹分子控制了新内阁。不久，大量纳粹分子从监狱里被释放出来，包括4年前刺杀奥地利总理的凶手。此后，希特勒向奥地利增派纳粹分子，指挥奥地利纳粹暴徒到处进行武装暴乱。

面对奥地利纳粹分子的暴行，民众起来反抗，要求武装人民，反对德国侵略。面对民众的压力，奥地利不得不宣布进行公民投票，由全国民众来决定是否应该保持奥地利的独立。希特勒知道消息后，暴跳如雷，马上向奥地利政府发布最后通牒，要求取消全民公决。3月11日，希特勒逼迫新上任的奥地利总理以奥地利政府的名义请求德国出兵以帮助维持秩序，下令军队入侵奥地利，用武力吞并了奥地利。两国政府于13日签订了德、奥合并的文件，奥地利成为德国的"东方省"，原总理任省长。

德国侵占奥地利之后，又马上把心思用在了捷克斯洛伐克的苏台德区。捷克斯洛伐克是个多民族国家，德意志民族的人占其总人口的23%，主要居住在苏台德地区。本来，捷克斯洛伐克国内的各个民族相安无事，过着平和的生活。1933年10月，在纳粹的影响下，苏台德的德意志人成立了"苏台德德意志人党"，并且在此后接受了希特勒大量资金和武器上的帮助。

德国侵占奥地利之后，立即攻击捷克斯洛伐克政府迫害苏台德地区的德意志人。进而，希特勒唆使苏台德德意志人党向捷克斯洛伐克政府提出苏台德地区完全"自治"，释放被关押的纳粹政治犯。捷克斯洛伐克政府在和德意志人党的谈判中，同意了后一条件，但是反对苏台德地区自治。

英、法两国此时继续采取绥靖政策，要求捷克斯洛伐克政府努力和苏台德德意志人达成全面持久的解决办法。但是希特勒迫不及待地聚集军队，并马上派遣了4个摩托化师在德捷边界集结。5月20日，捷克斯洛伐克政府动员国内民众，宣布坚决捍卫国家主权。

9月12日，希特勒在纳粹党代表的会议上发表演讲，公开宣布要援助苏台德地区的德意志人。当然，苏台德德意志人党在当地发动武装骚乱。捷克斯洛伐克政府被迫实行军事管制，并宣布解散苏台德德意志人党。局势再次紧张。

由于捷克斯洛伐克是法国的盟国，因此法国政府对希特勒所采取的态度举棋不定。此后，法国政府向英国询问是否支持法国对德国作战。英国政府不同意法国的作战要求。当晚，希特勒收到张伯伦一份十万火急的电报，要求访问德国。而德国也希望同英国谈判，希望它不要干预捷克斯洛伐克事务。

在会谈中，希特勒对张伯伦进行威胁恫吓。9月18日，法国总理和张伯伦进行会晤，双方取得一致意见，即要求捷克斯洛伐克把苏台德地区割让给德国。但是捷克斯洛伐克政府马上拒绝了英、法的要求，但是后来在英、法的压力之下又不得不"以沉痛的心情接受英、法的建议"。

9月29日，希特勒、墨索里尼、张伯伦和达拉第等在慕尼黑进行会谈，继而签订了《慕尼黑协定》。协议规定：将捷克斯洛伐克的苏台德地区割让给德国，捷克斯洛伐克撤走上述地区的军事设施等，苏台德区及其附属的一切设备无偿地交给德国。捷克斯洛伐克的代表也在会谈前赶到了慕尼黑，但不许参加会谈，只能在会议室外的隔壁房间里等待4个大国的判决。30日，捷克斯洛伐克政府不得不

接受了《慕尼黑协定》。

《协定》签订之后，希特勒喜出望外。其实，他也正在为侵略捷克斯洛伐克的事大伤脑筋。因为当时的德军实力有限，准备攻打捷克斯洛伐克的只有 12 个师，而捷克斯洛伐克却有 35 个装备精良的师，因此德国的国防军参谋部反对希特勒冒险侵入捷克斯洛伐克。另外，如果英、法两国坚决站在捷克斯洛伐克一边，希特勒的如意算盘就落空了。

侵占苏台德地区只是希特勒的第一个要求。1939 年 3 月 15 日，希特勒就兼并了整个捷克斯洛伐克。此后，德国对波兰形成了北、西、南三面包围。德国要想向东欧和东南欧国家扩张，必须首先攻占波兰。

其实，希特勒早先希望波兰能够加入《反共产国际协定》而成为德国的附庸国。1938 年 10 月，德国外长会见波兰大使，要求但泽重新并入德国，并允许德国穿过波兰走廊修建属于德国的公路和铁路，而德国则延长两国互不侵犯条约的有效期。但是波兰不愿意放弃但泽，拒绝了德国的要求。此后，德国又提出了一些妥协要求，但是波兰仍然不答应。

此时，但泽市内的纳粹分子蠢蠢欲动，准备发动武装暴乱。波兰政府面对德国的挑衅，积极采取防卫措施，向但泽附近增派军队。3 月 26 日，德国外长指责波兰向但泽地区调动军队，同时告诫"波兰对但泽的任何侵略都是对德国的侵略"。3 天之后，波兰外长接见德国大使，也宣布如果德国改变但泽自由市的现状，就意味着向波兰宣战。因此，德国和波兰关系恶化，希特勒准备采取武力措施来兼并波兰。

4 月 3 日，希特勒向军队下达了代号为"白色方案"的命令，要求德国军队必须于 9 月 1 日前完成对波兰作战的准备工作，而且"一切努力和准备工作，必须集中于发动巨大的突然袭击"。4 月 27

日，德国政府照会英国大使，借口英国执行包围德国的政策，宣布废除1935年签订的《英德海军协定》。同时，德国政府又借口波兰政府和英国缔结和约，而废除了两国互不侵犯条约。

为避免两线作战，德国政府于8月23日和苏联签订了《苏德互不侵犯条约》，并达成了共同瓜分波兰的秘密议定书。在得到苏联的保证后，希特勒当即下令于26日凌晨4时30分对波兰发起突然袭击。但是，英、波两国于25日正式签订了互助协定，意大利拒绝站在德国一边参加战争，因此到了25日夜间，攻击令突然被取消。

德国在发动对波兰的突袭之前，为了转移注意力，制造了代号为"罐头鹅肉"的行动。8月31日晚，一批身穿波兰军服的德国纳粹分子"袭击"了德波边境的德国城市格莱维茨，并占领了该市德电台，用波兰语辱骂德国，随后丢下了几具身穿波兰军服的尸体。

1939年9月1日凌晨4时45分，德军空军首先对波兰实施打击。几分钟后，波兰人便第一次尝到了人类历史上规模最大的来自空中的突然死亡与毁灭的滋味。同时，德国陆军在德波边境上向波兰阵地开炮，炮弹如雨般倾泻到波军阵地上。约1小时后，德军地面部队从北、西、西南三面发起了全线进攻。

面对德军的突袭，波军猝不及防。空军500架战机还没来得及起飞就被炸毁在机场，无数火炮、汽车来不及撤退即被摧毁，交通枢纽和军事指挥中心也遭到破坏，部队陷入一片混乱。

9月3日上午9时，英国政府向德国发出最后通牒，要求德军在上午11时之前停止对波兰的战争，否则英国即将向德国宣战。正午，法国也向德国发出了最后通牒，其期限为下午5时。希特勒对英、法两国的最后通牒置之不理。于是，英、法两国相继对德宣战，第二次世界大战全面爆发。

斯大林格勒会战

自从德国突袭波兰之后，希特勒又以闪电式速度从欧洲的西、北、东南几个方向发动大规模进攻，并取得了惊人的胜利。

1940年3月，希特勒签署代号为"威悉河演习"的作战指令，决定占领丹麦和挪威。4月9日，德国政府用了4个小时占领了丹麦；5月10日，只有30万人口的卢森堡政府不战而降；5月13日，德军突破法国防线，进入法国领土；5月17日，德军占领比利时首都布鲁塞尔；6月10日，德军占领挪威全境；6月14日，德军占领法国巴黎，并于22日迫使法国投降。

1940年秋，德军开进匈牙利、罗马尼亚和保加利亚，迫使三国加入了德、意、日同盟。1941年春，德军又征服了南斯拉夫和希腊。至此，欧洲大陆的14个国家全部成为希特勒的囊中之物。

1940年9月，意大利占领了英属索马里、肯尼亚和埃及的部分地区，不过等意军入侵希腊时，受到很大挫折，英国乘机占领了埃塞俄比亚首都。希特勒对此非常不安，派隆美尔在非洲重创英军，控制了整个北非。

法国投降后，希特勒签署了"海狮作战计划"，企图攻破英伦三岛。8月13日开始，德军出动近2000架次飞机对英国海军和空军基地进行狂轰滥炸。9月15日，德军对英国的轰炸达到了高潮，在这次轰炸中，德军损失了290架飞机，英国也损失惨重。但是德军始终不能夺得英国的制空权，因此希特勒无限期推迟了"海狮作战计划"，将攻击目标转向东边的苏联。

希特勒在东线聚集了190个师共550万人，近5000架飞机，

4300 辆坦克。1941 年 6 月 22 日，德军在北起波罗的海、南至喀尔巴阡山的战线上开始突袭苏联，打得苏联措手不及，并迅速占领了拉脱维亚、立陶宛、白俄罗斯和乌克兰的大部分地区。到 12 月 1 日，苏联损失了 700 万军队，此后德军发起了莫斯科大会战。

但是在莫斯科会战中，德军遭到苏联红军的重创：苏联红军粉碎了包围莫斯科的德军突击集团，将德军向西击退 100—250 千米，使德军损失了将近 50 个师，约有 30 万人被击毙，并且还损失了 1100 架飞机和近 3000 辆坦克。应该说，莫斯科大会战是德军遭到的最大一次失败，使希特勒的"闪电战"计划彻底破产。

1942 年初，战争的规模空前扩大，东边的太平洋中部、西边的大西洋西部、北边的北极圈、南边的北非和新几内亚，都发生了战争。反法西斯国家节节败退，处于最艰苦的阶段。

1942 年 4 月 5 日，希特勒下达了第 41 号作战指令，决定发动夏季攻势，预谋攻克斯大林格勒，沿伏尔加河北上，西向迂回包围莫斯科，然后越过土耳其和伊朗，从印度洋上和日本的军队会合，最后回师进攻英、美，夺取世界霸权。

为此，德军最高统帅部拟定了代号为"蓝色作战"的作战计划，改组了原南方集团军群，将其分为 A、B 两个集团军群。德军在苏德战场部署了 150 万以上的兵力，包括 60 个德国师，其中 10 个装甲师、6 个摩托化师，另外还有 43 个师的附庸国部队。希特勒还为围攻斯大林格勒的德军配备了 1640 架飞机、1200 辆坦克和几万门火炮。

斯大林及苏军最高统帅部判断德军在 1942 年夏季很可能会向莫斯科方向和南方发动大规模的进攻，并以莫斯科为主要突击目标。因此，苏军最高统帅部决定将苏军的大部分兵力集中在莫斯科方向。苏军希望在短期先进行积极的战略防御，同时在克里米亚、斯摩棱斯克方向，列宁格勒和杰米扬斯克地域实施一系列进攻战役。

1942 年 5 月 8 日，德国上将曼施泰因指挥第 11 集团军首先在克里米亚发起了春季攻势，一周后占领了刻赤半岛，苏军被俘 17 万人。7 月 4 日，德军攻占了塞瓦斯托波尔要塞，再次俘虏苏军 10 万人，至此，整个克里米亚都被德军占领。

6 月 28 日，德军两个集团军群从库尔斯克东北到斯大林诺一带发动全面进攻，很快攻入了顿河河曲和高加索地区，苏军被迫后撤 100—300 千米。7 月，德军越过顿河，南面的 A 集团军群继续向高加索油田区推进，北面的 B 集团军群则以斯大林格勒为目标。

此时苏军才意识到德军的真正意图，苏军最高统帅部决定在斯大林格勒组织会战。因此，苏军在西南方面军的基础上组建了斯大林格勒方面军，包括从苏军战略预备队调来的第 62、第 63、第 64 集团军和原西南方面军的第 21、第 28、第 38、第 57 集团军及空军第 8 集团军，外加苏海军伏尔加河区舰队。斯大林格勒方面军包括 12 个师约 16 万人、近 400 辆坦克、2200 门火炮和迫击炮、454 架飞机。显然，苏军的力量大大低于德军。

7 月 17 日，德军和苏军在斯大林格勒远近地展开了激烈的交战，斯大林格勒战役正式开始，希特勒甚至定下了 7 月 25 日以前攻占斯大林格勒的计划。

德军第 6 集团军分成南、北两个突击集团，企图突破苏军防御，向卡拉奇总方向发起进攻，围歼顿河右岸的苏军，从西南方向对斯大林格勒发起进攻。第 6 集团军首先向苏军 62 集团军实施包围，同时为了吸引苏军注意力，以部分兵力向苏军第 64 集团军发起佯攻。7 月 23 日，德军突破苏军的 62 集团军右翼防线，形势告急。

斯大林对苏军的战绩非常失望，撤换了斯大林格勒集团军的原司令员，由第 64 集团军司令戈尔多夫中将接任，并派苏军总参谋长、素有"苏军智多星"的华西列夫斯基上将作为最高统帅部代表协助指挥战事。同时，斯大林将预备队的坦克第 1、第 4 集团军和守卫远东的 10 个师调往斯大林格勒，以加强防御。随后，斯大林发布了第 227 号命令，严防要求苏军"绝对不许后退一步"。

7 月 25 日，德军 2 个步兵师和 1 个装甲师对苏军第 64 集团军的右翼阵地发起攻击，企图在卡拉奇附近强渡顿河，从西面直扑斯大林格勒。苏军刚调来的坦克第 1 和第 4 集团军起到了很大的作用，德第 6 集团军由于装甲兵力不够强大而被迫转入防御态势。

7 月 30 日，希特勒又决定从 A 集团军群抽调兵力以增强 B 集团军群。8 月 1 日，装备得到了加强的 B 集团军群霍特部奉命沿科捷尔尼科沃—斯大林格勒铁路向东北方向出击，突破了苏第 51 集团军的防线，在占领了列蒙特纳亚后，开始向科捷尔尼科沃逼近。

8 月 3 日，苏军守卫的科捷尔尼科沃失陷。5 日，苏第 64 集团军的防御被攻破，但在阿勒加涅罗沃地域遭到苏军顽强的抵抗和反击。不得已，霍特只好放弃了独立攻占斯大林格勒的想法，并随之转入守势。

8 月 19 日，德军调整部署，准备从西北、南部两个方向对斯大林格勒发起"钳形攻势"。为此，德军准备以第 6 集团军和霍克的第 4 装甲集团军的 21 万人、600 辆坦克和 1000 多架飞机向斯大林格勒发动攻势。

22 日，德第 6 集团军突破苏第 62 集团军在韦尔加奇和彼斯科瓦特卡地段的防线，强渡顿河，占领了卡拉奇，从此苏军第 62 集团军和斯大林格勒集团军切断了联系。

23 日，德军迅速推进到斯大林格勒北郊的叶尔佐夫卡，并马上推进到伏尔加河，霍特第 4 装甲集团军从南面向北进攻，突破了苏第 64 集团军的防御，29 日进至加大里洛大卡地域，威胁到斯大林格勒正面防御的苏军后方。同日，德军第 4 航空队出动了 2000 多架次的飞机对斯大林格勒进行了有史以来最为强烈的狂轰滥炸，斯大林格勒陷入一片火海之中。斯大林格勒军民对德军的进攻进行了顽强的抵抗。

斯大林对斯大林格勒的严峻形势非常愤怒，决定将一切能够动员的兵员物资，都派往斯大林格勒地区，并任命朱可夫为最高副统帅，坐镇斯大林格勒。

8月中旬，朱可夫飞到斯大林格勒，立即着手组织苏军从南、北两面对德军发起几次反击。但是这些反击虽然减轻了斯大林格勒城区的压力，还是没能歼灭伏尔加河的德军，而且苏军也损失惨重。

9月5日，朱可夫命令3个新锐集团军投入反击。但从早上到傍晚，苏第1集团军才向前推进了2—4千米。在斯大林强硬命令下，朱可夫命令苏军在次日再次发起冲击，但是这次冲击又一次被德军击退。10日，苏军试图通过突袭来恢复和第62集团军的联系，又遭到失败。到12日，苏军撤至城郭，外围防御地带已全部丧失，德军突击集团军从东北和西南方向直接指向斯大林格勒市区，斯大林格勒面临巨大威胁。

9月13日，部分德军进入市区，市区争夺战全面展开。德军首先向市中心和南部发起进攻，但是遭到守城部队的顽强抵抗。从14日开始，双方在马马耶夫岗和一号车站等城郊进行激烈的街巷战斗。苏军利用建筑物和各种路障对德军进行阻击，市区争夺战达到白热化。为了争夺火车站，德、苏双方争夺激烈，一周内火车站13次易手。

从9月27日开始，德军开始往斯大林格勒增派军队，向苏联红军发起猛攻。11月初，苏联的冬天即将来临，但是德军始终未能完全占领斯大林格勒。由于没有多少越冬物资储备，希特勒命令德军在气候完全变冷之前发动最后一次大规模进攻。一天之内，双方为争夺每寸土地、每一座房屋，都进行了异常激烈的战斗。但是由于伤亡过于惨重，德军被迫于次日停止了进攻。

苏联最高统帅部决定发动全面反攻行动，围歼该地域的德国军

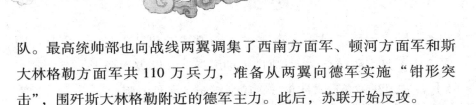

队。最高统帅部也向战线两翼调集了西南方面军、顿河方面军和斯大林格勒方面军共 110 万兵力，准备从两翼向德军实施"钳形突击"，围歼斯大林格勒附近的德军主力。此后，苏联开始反攻。

11 月 19 日早晨，苏军突破罗马尼亚军防线，并于次日和北翼苏军配合向卡拉奇发动钳形包围。23 日，苏军包围了德军第 6 集团军和第 4 坦克集团军，把 33 万德军困在了包围圈中。

德军司令鲍罗斯向希特勒发出冲围撤退的请求。但是刚从阿尔卑斯山赏雪归来的希特勒给鲍罗斯的回复却是：第 6 军团必须死守阵地，直至一兵一卒一枪一弹。

到 1943 年 1 月初，德第 6 集团军的阵地被压缩得越来越小，此外还要受到苏军的空中封锁，德军濒于弹尽粮绝的地步。

1 月 8 日，苏军向被围的德军发出最后通牒，敦促其投降。德军司令鲍罗斯要求希特勒准予他见机行事的权力，但希特勒再次驳回了他的请求。23 日，苏军向被围德军发起攻击行动，并占领了马马耶夫岗。此后，斯大林格勒方面军和守城的第 62 集团军胜利会师。

1 月 31 日，包括鲍罗斯在内的德军高级将领被迫投降。两天后，斯大林格勒附近的所有德军全部投降，包括 9 万名士兵和几千名军官。至此，历时 6 个半月的斯大林格勒会战结束。

斯大林格勒战役经过苏联军民艰苦的战斗，终于获得了胜利。此次战役是苏德战场的转折点，也是整个第二次世界大战的转折点。

美国投原子弹轰炸日本

1941 年珍珠港事件爆发后，美国派兵参加第二次世界大战，同盟国的力量再次得到加强。1945 年 1 月初，美军在菲律宾吕宋岛大规模登陆，粉碎了日军大本营设计的菲律宾决战的计划。2月，盟军攻占了日本硫黄岛，4月攻占了冲绳岛。在欧洲战场上，意大利于4月宣布退出战争。5月8日，德国宣布无条件投降。

至此，第二次世界大战欧洲战场的战事以盟军的胜利而结束。世界人民关注的焦点于是转移到亚洲的太平洋战场。经过十几年的对外战争，日本国内已经筋疲力尽，民众厌战的情绪也越来越高。1945年2月，日本裕仁天皇陆续和曾担任过首相的重臣们会面，听取他们对国际局势的看法。除了东条英机还竭力鼓吹战争外，其余的人或多或少地流露出悲观情绪。

会后日本当局还是没有放弃最后一丝希望，一方面积极动员国内的人力、物力，一方面由于当时苏联还没有对日宣战，东条英机还希望能够促使苏联出面进行斡旋，同美、英等国进行假和谈。

7月，美、英、苏3国首脑杜鲁门、丘吉尔、斯大林相聚德国的波茨坦，商议结束第二次世界大战的办法。26日，3国发表了《波茨坦公告》，向日军发出最后通牒，敦促其立即无条件投降，同时警告说：如果日军仍不放下武器，日本武装力量将不可避免地被彻底消灭，日本国土也不可避免地化为焦土。

日本政府对《波茨坦公告》并未认真对待。7月28日，日本首相铃木贯太郎公然宣称"不予理睬，只有完成战争"。面对困兽犹斗的日本军国主义者，反法西斯同盟国认为必须在战场上同日本法西斯作最后决战。考虑到如果要对日本本土实施登陆作战代价将很大，而且可能将战争拖延到1945年底才能结束，因此，美国积极地策划在最短的时间以最小的代价战胜日本，使其投降。于是，美国决定对日本投掷刚刚实验成功的两颗原子弹——"小男孩"和"胖子"。

1945年7月16日5时30分，世界上第一颗原子弹在美国新墨西哥州的阿拉莫戈多爆炸成功。格罗夫斯将军及其副手托马斯·法雷尔观看了爆炸情况。爆炸的巨大威力使法雷尔十分震惊，他不禁喊道："战争结束了！"格罗夫斯将军为防泄密，以驻地航空基地司令官的名义，向新闻界发表了如下声明：上午发生的大爆炸，是由于装有大量烈性炸药和毒气弹的仓库发生了意外事故。这就是第一颗原子弹试验后的"新闻公报"。

试验成功后的第二天，波茨坦会议召开。陆军部长专程飞到波茨坦，向杜鲁门总统详细汇报了实验的情况。

由于日本政府无视《波茨坦公告》的警告，杜鲁门最终决定对日本进行原子弹轰炸。当时，美国除了用于实验的那颗原子弹外，还拥有两颗：一颗叫"小男孩"，是用铀做裂变材料的；另一颗叫"胖子"，是以钚做裂变材料的。

通过多次侦察比较，美军把投掷第一颗原子弹的目标选在了广岛、小仓、新潟、长崎 4 个地方中的一个。广岛当时是一个非常重要的海港。日本的陆军总部也设在这里，军事、政治地位十分重要，而且没有受到战争的破坏。另外，那里地势平坦，人口稠密，市内多木质建筑，军事工业十分集中，公用事业和市内交通较为发达。对广岛的原子弹打击将给日本巨大的威慑力。

很快，专门为执行原子弹轰炸任务而组建的"509 混合大队"便接到了美国战略空军的命令："在 1945 年 8 月 3 日以后，气象条件允许时，尽早对下述目标之一投掷原子弹。目标是：广岛、小仓、新潟、长崎。"参加轰炸的 7 架 B29 轰炸机，1 架载有原子弹，由大队长蒂贝茨亲自驾驶，2 架飞机担任轰炸效果观测任务，3 架飞机担任直接气象观察任务，剩下的 1 架飞机作为预备队，留在硫黄岛机场，随时准备替换发生故障的飞机。

8 月 6 日凌晨，美国太平洋舰队司令部向所属部队下达了特级命令："所有部队不得干扰 509 轰炸混合大队的行动，所有飞机不得飞越九州或本州西部上空，以免影响混合大队的行动。"

1945 年 8 月 6 日凌晨 2 时 45 分，B29 轰炸机开始从太平洋上的

提尼安岛起飞，向距离3200千米远的日本本土飞去，其中一架飞机里，"乘坐"着即将闻名世界的原子弹"小男孩"。"小男孩"全身黑色，状如大海里的鲸鱼，其长3.05米，直径0.711米，体重4.09吨，内装核原料铀235共60千克，爆炸当量约为2万吨。

当电机飞临上述4个目标城市时，只有广岛上空的云层中露出空洞，因此，蒂贝茨上校决定将投弹地点选在广岛。7时零9分，3架B29轰炸机飞临广岛的上空，一阵轰鸣过后，飞机并未投弹。同时，广岛响起了空袭警报，广岛市民对这种空袭警报已习以为常，因此很少有人进入防空洞隐蔽。

8时15分，美机第二次进入广岛上空，蒂贝茨上校和另两名少校按下了电钮，从1万米高空用降落伞把"小男孩"投了下去。由于飞机突然减轻了4吨多的重量，飞机猛然上升，接着飞机急转了一个大弯，加速离开目标区上空。

50秒后，原子弹在离地面666米的空中爆炸，随即发出令人目眩眼花的强烈闪光和震耳欲聋的巨响。数秒钟后，大火球消失，继而形成了一朵高13.716千米英尺的紫色蘑菇云。继强光和蘑菇云消失后，广岛的天空越来越暗，广岛被黑烟和大火所吞没。几分钟前还是熙来攘往的城市突然变成一片废墟。到处是冒着浓烟的动物和人的尸体，建筑物在"劈劈啪啪"地燃烧，没有人救火，没有急救车辆……

据事后统计，广岛当日死亡7万多人，受伤和失踪者达到5万多人，而这个城市总共才24万人。市区76000多幢建筑物中的48000幢遭到完全毁坏，半毁的为22000幢。

16小时之后，杜鲁门总统向全世界发表声明：美国已对日本投掷了原子弹，其爆炸威力相当于2万吨TNT炸药。由于美国政府担心广岛原子弹爆炸会激起日本人的抵抗意志，于是决定投掷"胖子"，目标定为小仓。

8月9日，B29轰炸机载着"胖子"飞向日本，但是由于小仓上空阴云密布，飞机绕了3周仍找不到打击目标。于是，驾驶员便把"胖子"投到了长崎。同样，长崎也受到摧毁性打击，全城20多万人中，有近4万人死亡，6万人受伤。

广岛原子弹爆炸后一个星期，日本天皇向日本国民发布了投降诏书。第二次世界大战从此结束。

第二次世界大战作为一次世界人民反法西斯的战争，是人类迄今为止规模最大、危害最严重、持续时间最长、参战国最多、波及范围最广的一场战争，给人类世界造成了非常巨大的、深远的影响。

◆ 海湾战争

1990年8月2日，伊拉克军队占领了科威特，宣布科威特为伊拉克的第19个省，伊拉克的侵略行径导致了海湾战争的爆发。

伊拉克吞并科威特的主要目的是想在经济上勾销它欠科威特的债务，攫取科威特在国外超过1000亿美元的资产，并占领科威特约占世界10%的石油资源；在政治上，想用吞并科威特的胜利来掩盖和弥补发动两伊战争的失算，同时加强它在海湾的地位，在波斯湾地区乃至阿拉伯世界称雄争霸。

伊拉克公然吞并一个独立国的举动遭到了国际社会的谴责。其中以美国的反应最为强烈。因为中东的石油是美国和西方国家的经济命脉，它怕伊拉克控制海湾后，会卡住美国和西方国家经济的脖子。为了确保海湾的石油通道，也为了确保美国在中东地区的战略地位，8月2日和3日，美国总统乔治·布什主持召开国家安全委员会全体会议，研究对策。会议最终决定，采取大规模军事部署行动，迫使伊拉克撤军，并为必要时采取军事打击行动做好准备。根据这一精神，美军中央总部拟定了"沙漠盾牌"行动计划。8月7日，布什总统正式批准了该计划。

"沙漠盾牌"行动计划确定后，美军制定了具体部署方案，其他国家也展开了各自的部署出兵行动。经过紧张行动，美军分别于11月8日和11月底完成了两个阶段的部署。是时，美军在海湾地区的总兵力达到43万人，主要武器装备有：坦克1200辆、装甲车2000辆、作战飞机1300架、直升机1500架、军舰100余艘。其他国家出动的总兵力达50万人。部分未出兵国家提供了武器装备、舰船、飞机和医疗队。

面对美国和其他国家的出兵行动以及国际社会的经济制裁，伊拉克在外交上打出了"圣战"的旗号，并将撤军问题同以色列从阿拉伯被占领土撤军联系在一起，以转移阿拉伯国家的矛头指向。同时，伊拉克在经济上采取了内部紧缩，对外寻求突破口的政策；在军事上则加紧了扩军备战，恢复和新建24个师，使军队总兵力达到77个师，120万人。伊拉克在科威特战区的兵力部署也得到了加强，3道防线共部署43个师，约54万人，坦克4280辆、火炮2800门、装甲输送车2800辆。

美军在开始执行"沙漠盾牌"计划时，即已估计到伊拉克拒不撤军的情况，于是拟定了代号为"沙漠风暴"的军事打击行动计划。11月29日，联合国安理会通过第678号决议，规定1991年1月15日为伊拉克撤军的最后期限。1991年1月9日，美国国务卿贝克和伊拉克外长阿齐兹在日内瓦举行战争爆发前的最后一次会晤。但是，会谈没有取得结果。1月16日，布什总统签署了国家安全指令文件，命令美军向伊拉克开战。

1月17日凌晨，美军的空袭行动开始。整个空袭包括"沙漠风暴"计划在内的4个作战阶段的前3个。按计划，3个阶段同时开始，齐头推进，逐一达到既定目标。美军飞机日出动量达 2000—3000 架次。据美军统计，到地面进攻开始时，科威特战区伊军部队 54 万人中伤亡率达 25% 以上，重装备损失率达 30%—45%。

为了实施地面进攻作战，美国中央总部陆军也制定了具体战役计划，这就是"沙漠军刀"计划。该计划实际上是"沙漠风暴"计划的组成部分。计划制定以后，从 1 月 17 日空袭开始到 2 月 24 日，多国部队进行了大规模的部署调整。1991 年 2 月 24 日，当地时间凌晨 4 时整，多国部队向伊军发起了大规模诸军兵种联合进攻，将海湾战争推向了最后阶段。伊军在多国部队进攻面前进行了顽强抵抗后逐渐向北和西方向撤退，并点燃了科威特境内的大量油井。28 日晨，科威特城已全部被阿拉伯部队控制，多国部队也大多完成了各自任务。在这种情况下，布什总统下达了当日当地时间 8 时暂时停火的命令。整个地面进攻历时 100 小时。

暂时停火以后，伊拉克表示接受美国提出的停火条件，愿意履行联合国安理会历次通过的有关决议。4 月 3 日，联合国安理会通过了海湾正式停火决议，海湾战争宣告结束。

海湾战争打破了中东和海湾地区原有的格局和力量组合，给阿拉伯世界和伊斯兰世界带来新的冲击，影响了世界的局势。更为严重的是，海湾战争的结束并未从根本上解决海湾危机，围绕着核查与反核查、制裁与反制裁的问题，伊拉克与联合国尤其是与以美国为首的西方国家发生了无数次争吵和冲突。为此，伊拉克多次招致美国的军事威胁和空中打击。1998 年 12 月 17 日至 20 日，美、英对伊拉克发动了代号为"沙漠之狐"的军事行动，向伊拉克发射了数百枚巡航导弹。面对从天而降的远程精确制导武器，伊拉克毫无还手之力。然而，当"沙漠之狐"行动停止后，人们却惊奇地发现，海湾地区的国际战略格局正在发生一场巨大的变化。美、英的这次军事行动不仅无助于伊拉克问题的解决，反而为联合国在伊拉克开展武器核查设置了更大的障碍。海湾战争和海湾危机是"冷战"结束后众多地区冲突的一个缩影，表明了世界两极体制正在走向崩溃。

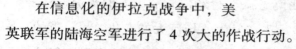

伊拉克战争

伊拉克战争是以美国为首的美英联军对伊拉克发动的战争。战争在 2003 年 3 月 20 日爆发；5 月 2 日，美国总统乔治·W·布什正式宣布战争结束，整个战争持续了 44 天。实际上，在 4 月 14 日美军攻占伊拉克总统萨达姆的家乡提克里特之后，美军大规模的军事行动已经基本结束。这是继 1991 年海湾战争之后，美国对伊拉克进行的第二次战争。

美国发动伊拉克战争的主要借口有 2 个：①中央情报局提供的伊拉克有大规模杀伤性武器的假情报，②它所散布的"伊拉克是许多国际恐怖组织的后台老板"的不实之言。在美国看来，伊拉克不仅严重威胁着美国的安全，也威胁着整个世界的安全。因此，美国决定通过战争，推翻萨达姆政府，消除美国的安全隐患，进而控制伊拉克石油，推行其改造中东的新战略。

布什

在信息化的伊拉克战争中，美英联军的陆海空军进行了 4 次大的作战行动。

"斩首"作战行动。战争一开始，美英联军没有进行夺取制空权的大规模轰炸。在 3 月 20 日的首轮空袭中，美军使用"电子炸弹"攻击伊拉克，这种新式武器产生的高能电磁波使伊军及萨达姆卫队拥有的各类电话、无线电通信和电子计算机等电子设备立刻失灵。同时，美军用精确的制导导弹准确地打击伊指挥和控制中心。

为避开美英联军的优势空军和导弹袭击，萨达姆分散兵力，将实力最强的 9 万共和国卫队、4 个特别旅、2 个特种部队部署在巴格达周围。并在巴格达周围筑建野战工事，开挖战壕、沟堑，在飞机跑道上放置水泥等障碍物，阻击美英空降部队着陆。

美英联军对伊拉克首都巴格达和其高层领导人的住所等要害部门进行连续 3 轮的狂轰滥炸。晚 21 时 05 分，美英地面部队在战斗机、直升机的掩护下，凭借配备尖端的夜视作战设备，兵分几路对巴格达进行合围，欲以迅雷不及掩耳之势深入巴格达，俘虏或击毙萨达姆。伊军凭借坚固的防御工事进行抵抗，给美英造成了一定的损失，虽然发射的导弹部分被美国的"爱国者"导弹截击，但仍有效地阻滞了敌人的攻势。

"震慑"作战行动。3 月 22 日，美英联军突然开始对伊拉克实施猛烈空袭。轰炸的主要地区是巴格达。美军对萨达姆的官邸、指挥中心、政府主要部门等目标进行了"饱和轰炸"。美军希望通过突然的大规模轰炸，对整个伊拉克造成立即失去抵抗能力的震慑效果，并以此瓦解伊拉克军民的抵抗意志，从而达到在战争初期就实现速战速决的目的。

"切断蛇头"作战行动。这主要是通过精确轰炸，摧毁伊拉克的通信指挥系统，彻底切断萨达姆与军队的联系。3 月 28 日，美军向伊拉克国家通讯中心大楼投放了被称为"掩体粉碎机"的钻地炸弹。3 月 30 日，巴格达邮电通讯大楼和一个通讯中心被摧毁。3 月 30 日，美军飞机轰炸了阿拉伯复兴社会党总部。美国还把伊拉克电视台的发射器作为打击目标。3 月 26 日，美军向巴格达电视台发射了电磁脉冲炸弹，致使电视台信号中断。

支援地面作战行动。在开战第二天，美英联军就开始了地面作战。因此，美英空中力量将支援地面作战作为重要的任务。正是在空中力量的掩护、支援下，美地面部队才得以快速向巴格达推进。3月22日，也就是开战之后的第3天，美军就推进到巴格达以南的纳杰夫—纳西里耶一线。此后，美军在卡尔巴拉、纳杰夫、纳西里耶等地与伊军形成了对峙局面。在这种情况下，美空中力量迅速调整了战略，从3月25日开始，空中打击的重点转向伊军地面部队，特别是伊拉克共和国卫队，同时对美英地面部队的作战行动提供近距空中支援。在空中力量的支援下，美地面部队直取巴格达国际机场，挺进到巴格达市中心广场。

伊拉克战争是美国在新世纪推行所谓"先发制人"国家安全新战略的第一场局部战争，也是美国谋求建立单极世界策略的重要组成部分。美国发动伊拉克战争，忽视了联合国安理会，改变了中东地区的大国政治的传统形态，削弱了大国在中东的地位。可以说，以美国为首的世界单边主义将会在今后相当长的时间内左右着世界政治格局。伊拉克战争也暴露出两极格局终结10余年来，国际形势中新的不确定因素在增多，世界并不太平，维护世界和平、促进共同发展的历史任务依然艰巨。但总的来看，这毕竟是一场局部战争，不可能改变国际格局的基本趋势和发展方向。国际关系体系尽管受到伊拉克战争的极大冲击，但和平与发展仍是当代世界的两大问题，世界多极化的总趋势仍在曲折中发展。

这场战争给世界政治带来的伤害没有停息。对伊拉克人民来说，战争的伤痛似乎才刚刚开始。

科技篇

❖ 火药的发明与改良

如果说火药的发明是源于长生不老，你一定会以为是天方夜谭，但事实确实如此。中国古时的那些幻想"得道成仙"的帝王将相们常常命令术士炼制"灵丹妙药"，而这些尽职的化学家在炼丹过程中虽没有炼成仙丹，却发明了火药，而且由于火药的独特作用，它很快就闻名于世，成为我国古代科技的"四大发明"之一，在历史的发展中占有着重要地位。

我国古代的冶炼技术相当发达。早在殷商时期，就已经能制造出造型复杂、美观大方的大型青铜器皿了。春秋中期，我国已经发明了生铁冶炼技术，到了春秋末年，铁制的农具和兵器也已得到普遍使用。

在冶炼金属的过程中，人们不断总结经验，逐渐接触和熟悉了许多矿物的性能，积累了丰富的化学知识。从战国时代起，就有人把冶金技术运用到炼制药物方面，梦想能炼出长生不老之药来，也有人想从矿物中炼出金银来。那种炼制所谓长生不老药的炼丹术在古代被称为"方术"，从事炼丹的炼丹家则被称为"方士"，后来被称为"道士"或"丹家"。

虽然这些炼丹家始终未能炼出长生不老之药来，但是在一次次冶炼中，他们不断积累经验，掌握了不少化学知识，对我国古代化学的发展起了不少作用。用现代人的眼光来看，或许把他们称为"古代的化学家"更为合适。在这些方士中，较为突出的有李少君、魏伯阳、刘安、葛洪等。正是这些炼丹家的工作，才发明了火药。

　　现在我们知道，制造火药的主要原料为木炭、硫黄和硝石。

　　硫黄在我国古代也被称作石流黄、留黄、流黄等。我们的祖先在公元元年前后，就已在湖南的郴县发现了大量的硫黄矿。此后在我国北方、南方也多次发现大型硫黄矿。我国古籍中最早提到"流黄"的是《淮南子》一书（公元前150年前后）。说明在当时古人对硫黄已有认识。西汉末年问世的我国第一本药物典籍《神农本草经》上，把石流黄归入"中品药"的第三种，可见当时硫黄已被广泛用于入药。

　　硝石是黑色火药里的氧化剂。它的化学成分是硝酸钾，受热能产生氧气，有很强的助燃作用。火药爆炸力的大小主要根据含硝量的多少来决定。很早以前，我们的祖先就已发现了硝，并能掌握利用它。在实践中，人们慢慢发现硝石有消除积热和淤血等医疗作用，便将它入药。《神农本草经》把硝石列入"上品药"的第六种。古代的炼丹家十分熟悉硝石的性能，常把硝石作为主要的氧化剂和溶剂。公元500年左右的炼丹家陶弘景就指出硝石有"强烧之，紫青烟起"的现象。

　　唐朝初年，著名的药物学家孙思邈也炼过丹药。在他所写的《丹经》一书中，有一种"伏硫黄法"，记载着类似火药的方子。

　　由于这种伏硫黄法经常在制作过程中发生燃烧，烧伤炼丹者的手脸，甚至烧掉炼丹房，因此古人明白了硫黄、硝石和木炭的混合物极易猛烈起火，甚至发生爆炸，制作时必须十分当心。

　　经过一次次的爆炸起火，炼丹家们从最初的恐惧中逐渐认识到，硫黄、硝石和木炭，如按一定比例配制，可制成会爆炸的"火药"。

火药发明的具体年代已无从查考，但根据资料可以推断，火药发明的时间应在唐代以前。由于这种火药的颜色是黑色的，所以叫做"黑火药"。

火药虽是由炼丹家发明，但炼丹家的本意是为了制作药物，他们并不希望它有强大的爆炸力和破坏力。可是当火药的配方一旦被军事家们知晓，情况就完全不同了。他们明白，用火药制成的武器，一定具有强大的杀伤力。于是军事家们不断探索研制，强化它的毒性、燃烧力和爆炸力。火药发明后，引起了武器制造的重大改革，逐渐由冷兵器时代进入了火器时代。

唐朝末年，火药已开始用于军事目的，配制也更趋科学化。用硝石（硝酸钾）75%、硫黄15%、炭粉10%就可制成威力强大的火药。宋人路振所著的《九国志》一书中有这样一段记载：唐哀帝时（公元904—906年），郑璠攻打豫章（今江西南昌），他命令兵士"发机飞火"，烧了龙沙门。据解释，"飞火"是火炮一类的东西，是用火药制造的燃烧性武器。可见，当时火药已开始用于战争。

到了北宋，火药生产规模进一步扩大。北宋初年开封设有"广备攻城作"（兵工厂），其中有专门生产火药的车间（火药窑子作）。它以火药为原料生产作战用的"烟球"、蒺藜火球和火炮等。火药配料除硝石、硫黄、炭粉外，还有油蜡、沥青、干漆、松香、黄丹、铅粉等。到了宋朝，人们发明了更多种类的火药武器，从最初的燃烧型火药武器逐渐过渡到威力更大的爆炸型火药武器。

1132年，南宋的军事家陈规为了防御金兵的侵扰，又发明了一种管状的射击性武器——火枪。这种火枪是用长竹竿做的，竹管里面装满火药。打仗时由两个人抬着，点着了火发射出去。火枪的发明，可以说是火器史上的又一个新起点。

火药除了用于战争外，还可用于生活、生产。据《武林旧事》、

《梦粱录》、《事林广记》等书记载，在南宋、元朝时人们已经用火药制造焰火，以燃放焰火的形式来欢庆节日。火药的性能和作用也逐渐被人们掌握，古代人民利用它来开山、破土、采矿、筑路等，使其在生产劳动与和平建设中发挥威力。

早在唐代，我国与阿拉伯、印度、波斯等国通过海上的贸易，往来就十分频繁。就在这时，硝随同医药和炼丹术，由我国传出。但那时人们仅知道用硝来炼金、治病和做玻璃。公元1260年，元世祖的军队在与叙利亚一战中被击溃，阿拉伯人缴获了包括火箭、毒火罐、火炮、震天雷在内的火药武器，从而掌握了火药的制造和使用。他们把火药称之为"中国雪"，用火药推动的弩箭也被称作"中国箭"。

西欧直到文艺复兴后，英国人才从阿拉伯人那里得到了火药的配方，比我国要落后数百年之久。但重要的是火药主要是通过战争西传的，因此欧洲人主要把火药用于军事目的。

相传，欧洲第一个成功地制造出具有爆破力火药的是著名学者罗杰尔·培根，也有的说是晚于培根100年的德国人贝鲁特尔德·施韦策。不过有人对培根的全部著作作了查对后，发现只有一处提到了用火药："我们以小孩玩具为例吧。世界上有许多地方制造像拇指大的一种东西；东西虽小，但由于其中有一种属于盐类的叫做'硝'的东西，因此能够爆炸。当硝爆炸时，这个用羊皮纸制的小东西发出可怕的声音，比疾雷还响；所闪的光比随雷而来的闪电还强。"至于鲁特尔德·施韦策，有人认为他是传说中的贝鲁特尔德·尼克尔（即黑人贝鲁特尔德），也有人认为他与培根同是方济各会派修士，但他的存在与否，是很令人怀疑的。尽管如此，火药的使用与改良仍在欧洲得到了很大的发展。

真正使火药的威力得到爆发的是在19世纪。1814年，人们发明了雷管。它能在火药起爆的一瞬间，产生高温的火焰和硝酸银，使得以前所使用的点火器和打火石以及含有硝石的导火绳、缓慢传导火焰的石灰，都成为不必要的装备。1846年，意大利化学家索布雷罗发现硝化甘油，但是该物质对震动很敏感，危险性大，不宜生产。1867年，诺贝尔把硝化甘油与木浆、硝酸钠等混合，首次制成烈性炸药，使用安全而威力不减。1875年，诺贝尔把棉花浸透硝酸及硫酸，制成硝化棉，再混合硝化甘油，成为胶质炸药，坚韧防水，可塑性高，特别适合放入矿场爆炸孔内进行爆破。

1884年，法国化学家维埃利制成最早的无烟发射剂，把爆发速度减慢。他把硝化棉浸于乙醚和酒精里成为胶质，再压成片状切条干燥使之硬化，这样，炸药便只能由外至内燃烧。

火药虽然为中国人所发明，但是最终在西方获得了进一步的发展，同时又推动了西方文明的进步。

火药的发明是我国人民对世界科学所做的巨大贡献之一，为人类的文明史写下了不朽的篇章。12世纪时，火药还未传入欧洲，士兵们只得像堂·吉诃德那样，骑在马上用盾牌、长矛、刀剑进行冲杀。人民根本无法用这些原始的武器，冲开贵族领主们所盘踞的坚固城堡。火器的改进使战术进入了技术阶段。个人的英勇敌不过机械的技术，谁能使用比较优越的兵器，谁就是可怕的敌人。诚如西方军事学家富勒所说："火药的使用，使所有的人变得一样高，战争平等化了。"火药、火器传到欧洲，不仅对作战方法本身，而且对资产阶级战胜封建贵族起了一定作用。恩格斯曾这样评价过："火药和火器的采用决不是一种暴力行为，而是一种工业的，也就是经济的进步。"

技术的发展也有助于欧洲对外扩张。由于火药传入欧洲，促进了欧洲军事技术的进步。德国人发明了一种铸炮技术，一种较小的铜炮开始装备在船舷上，新火炮能发射重达50~60磅的铁丸，能击毁300码射程内的船体。海战为之而发生改变，由占领敌船的肉搏战变成了舷炮齐射的炮战。对军舰也重新予以设计，很快每艘军舰平均能架置 40 门炮。正是这些技术上的优势使欧洲人海上探险大获成功。

印刷术的发明与改造

如果说从猿人进化到有独立思想的人是人类文明的开端，那么文字的形成和印刷术的发明是人类进化的又一标志，它将人类文明提高到可以不受时间限制、无限期保留的崭新阶段。在印刷术的发明过程中，中国作出了重要的贡献，德国人谷登堡在铅活字方面为世界贡献了力量。对世界进步作出重要促进作用的印刷术，可以说是世界上最伟大的发明之一。

人类发展史上最早的印刷术是雕版印刷术，大约出现于我国隋末唐初时期，距今已近 1400 年了。它用梨木或枣木板做原料，先将其刨成合适的厚度和普通线装书面大小，然后在木板上用刀刻出凸起的阳文反字，把墨水涂在刻好的版面上，将纸铺到上面，用刷子轻轻地一抹，揭下后纸上就会出现白底黑字。

毕昇

我国现今流传下来的古代著述大多为雕版印刷品，但随着雕版印刷术的发展，它的弊端也越来越明显。用这种方法刻印时，需要印一页刻一版，印完之后这块印版就作废了；如果印一部卷头庞大的书，需要雕刻几万乃至几十万块版，花费的时间很长，不管是在人力、物力或者时间

上都造成了浪费。

北宋庆历年间（1041年—1048年），民间发明家毕昇终于首创泥活字，成功地进行了活字印刷。

科学家沈括在《梦溪笔谈》中，对这一技术作了较详细的记载。这一记载的历史作用，就在于启发了后来的有志者，沿着毕昇的道路继续前进，从而使这一技术不断地发展和完善，最终成为占统治地位的印刷方式。《梦溪笔谈》记载的活字印刷术的程序是：用黏土刻字，每字一印，制成大小划一的薄字印，然后用火烧烤使它陶化，即成坚硬的泥活字。刻字时，同一字刻几个印，常用字则多刻，最多者达20余印，以备排版中遇到相同的字时应用。字印按音韵分门别类，贮放在木格里。排版时，先依照稿本拣出所需要的字，整齐地排在一块四周有框、中间放有松香、蜡、纸灰等混合药剂的铁板上；当活字排满一版就用火烘烤，等药剂稍微熔化，再用一块平板从上面压平，使板上的字面平整。待药剂冷却凝固后，活字就平整地固定在板上，成为版型。人们可以像雕版印刷那样，在版型上刷上墨，覆上纸，进行印刷。印刷完毕后，再把字板烘热，把药剂烤化，用手轻轻一抖，活字就从铁板上脱落下来，供人们下次再用。

活字印刷不仅大大提高了工作效率，而且还有其他一些优点。如发现错字可随时更换，不必像雕版那样要从头开始，也不会产生雕版的虫蛀、变形及保管困难的问题。只要有了一套活字，便什么书都可印，大大节省了写刻雕版的费用，又缩短了出书时间。这种既经济又简便的印刷方法，是毕昇在世界印刷史上树立的一块具有划时代意义的丰碑。

我国雕版印刷术发明后不久，就逐渐传播到朝鲜、日本和越南等东方邻国。这些国家不仅与中国山水相连或隔海相望，而且受中国的汉文化的影响也是极其深刻的，他们不仅使用汉字，尊崇儒家思想，就连社会习俗、典章制度和文学艺术等，也都无不从汉文化中吸收其营养。而在印刷术向这些国家的传播中，佛教文化则起着最重要的作用。他们经常大批地向中国派遣留学生和佛教徒，从中国索取或购买佛经和经、史、子、集各类书籍。而这些国家自己刻印的版本也逐渐问世。日本、朝鲜等东方邻国，不仅学习和吸收中国的印刷技术，而且在版式、字体及装订方式等方面，都仿照中国的习惯。

印刷术传入朝鲜、日本之后，陆续向其他周边邻国传播。在东南亚各国，较早接受中国印刷术的是菲律宾、越南，之后才传向泰国、马来西亚等南亚国家。

中国的印刷术约于公元 13 世纪后期传到波斯（伊朗），公元 1294 年，波斯的统治者开始用中国的方法印刷发行纸币。公元 14 世纪的一位波斯历史学家，在他的著作中详细地介绍了中国的雕版印刷技术，为中国印刷术的传播起到了一定的作用。

15 世纪开始，欧洲人逐渐掌握了印刷术。起初，他们是使用雕版印刷法，印制了一些纸牌、圣像和教学用书等。到了 15 世纪中叶，活字印刷术得以推广。其中特别值得一提的人物是德国人谷登堡。

约翰·谷登堡（约 1400 年—1468 年）是德国美茵兹市一位具领导地位的公务员。他的第一个目标是使用熔化的金属铸造个别的铅字，为此谷登堡选用手写字体作为蓝本，为了能模拟手写格式，使一般人不易分辨手写书籍和铅字印刷品的差别，他特地选用"textura"字体（哥德体的一种）作为范本。

约翰·谷登堡分别为每个字母与每个符号制作了一个钢片，压在软铜块上形成一个铜模，如此即可铸造大量的铅字。为此目的，约翰·谷登堡发明一种手铸工具，将铜模放置其中，只要倾入熔化的合金，字母与符号即可产生，这种合金包含铅、锑、锡与少许比例的铋金属。

但仅是如此仍然不够，印墨也必须自行生产，为此约翰·谷登堡又发明了脂肪性的印刷油墨。然而这一切准备之首要工作，仍是要制造一部印刷机，为此，他又发明了木制印刷机。经过3年的辛劳工作，42行拉丁文《圣经》终于在1456年印刷完成，约装订成200册，每册有1282页，每本都是一样完好而美观。1460年，谷登堡又印出另一部圣经《卡特里康》。虽然谷登堡的发明标志着印刷史上一个新时代的到来，贡献特别大，但在当时人们却还没有认识到，谷登堡也并没有因此成为百万富翁，而是在贫困中死去。但是，他的发明很快地传遍全球各个角落，使全世界均能用这种印刷方式印刷有形的读物。

在欧洲，另一位被认为对印刷作出贡献的是威廉·卡克斯敦。威廉·卡克斯敦1422年出生于英国肯特州。1472年在科伦意外地学到了印刷术。两年后，他在布鲁日开始从事印刷业。1476年，他将印刷术带到英国。他的最大贡献是将大量外国文学作品介绍给社会大众，并使这些文学作品流传至今而不致流散埋没。此外，由于他大量出版图书，使英文拼音法，即句读法和文法得到了完全定型。

印刷术传入欧洲，正值宗教革命和文艺复兴时代，西方各国以此为先导，在文艺复兴和工业革命的推动下，开创了以机械操纵为基本特征的世界印刷史上的新纪元。

美国《生活》杂志评出了上一个千年"改变世界历史的百件重大事件"，其中活铅字印刷术的发明被列在了首位。有一些历史学家还认为，如果要选中世纪结束的标志，谷登堡印刷术的发明比发现美洲大陆更为合适。

在中世纪的欧洲，阅读和写作的权利被限制在一小部分人即贵族、教士和作家之间。历史发展到15世纪，欧洲各国出现了受过教育的中产阶级。他们对知识的渴望激励着发明家们寻求着大量印刷文字的可能。活字印刷术的发明开拓了一直延续到今天的信息时代。

活字印刷术的成果在欧洲广泛传播。到 1500 年，估计有 50 万本印刷品在流通。其中包括有宗教著作、希腊和罗马经典著作、科学文献……可以说，如果没有活字印刷术，新教运动以及后来几世纪里的政治、工业变革都不可能发生。这一发明对文艺复兴的出现和中世纪的终结起到了巨大作用。印刷术使书籍的数量剧增，使西方近代教育兴起并迅速繁荣，从而大大改变了西方文化、以至世界文化的面貌。

❖ 不朽的牛顿力学

1642 年，伟大的近代科学的先驱者伽利略逝世了，但是另一位科学巨人伊萨克·牛顿在这一年的 12 月 25 日圣诞节的早晨，诞生在英国林肯郡的伍尔斯托普村。牛顿是近代自然科学史上最负盛名的科学家之一，他对力学、光学、热学、天文学和数学等学科，都有重大的发现。他是有史以来世界上公认的最伟大、最有影响的科学家。

少年时代的牛顿是一位普通的农村少年，没有什么神童或天才的迹象。但他与伽利略相似，喜欢动手制作会动的玩具，对机械制作和实验有着浓厚的兴趣，同时他也很喜欢数学和绘画。他的母亲曾想让他当个出色的农夫，一度让他退学，幸运的是，他母亲后来被人说服，承认他的天赋在其他方面。1661 年，牛顿考入英国名牌大学——剑桥大学，从师巴罗教授，学业大有长进，他开始显示出非凡的才能。1665 年，牛顿毕业后，为了继续搞研究，仍留在大学的研究室工作。

可是，就在这年的 6 月，淋巴腺鼠疫席卷英国，剑桥大学被迫

停课。牛顿无奈回到伍尔斯托普乡间的老家，他利用这段在家避瘟疫的时间，对自然科学中许多领域的问题，进行了认真的思考。他最重要的发现也是在这段时间里完成的。

牛顿生活的 17 世纪中叶是一个孕育伟大科学家的时代。望远镜的发明已使整个天文学研究发生了革命性的变化。英国哲学家弗朗西斯·培根和法国哲学家笛卡儿积极倡导科学家应依靠自己的实验和观测。牛顿一直在思索着他所关心的科学命题。

牛顿

1666 年的一个秋天，天空晴朗，万里无云，灿烂的阳光像往常一样照耀着伍尔斯托普村。这天，牛顿一早起来就在屋里埋头读书，感到有些疲倦。他想休息一下，于是，手里拿着笔记本到后院散步去了。

牛顿无心欣赏田园风光，他的脑子里装满了哥白尼的日心说。这一学说从一开始就遭到罗马教廷在宗教上的残酷迫害，可是，由于伽利略、开普勒等人的研究，即使是反对日心说的人也不得不承认这一学说的正确。关于地球、火星、金星等行星的运行规律，也已由开普勒定律证明了。至于行星为什么要那样运行，谁也不知道。

"为了使地球、火星、金星等围绕太阳运转，太阳必须牵引着这些行星。为了使月球围绕地球运转，同样地球也必须牵引着月球。因此天体之间肯定是引力在起作用。"

正当坐在苹果树下的牛顿沉浸在苦苦思索之中时，忽然有一个苹果从树上落下来，掉在他身边。

他看见了，觉得很奇怪，他想：这个苹果为什么会落下来呢？

是因为它熟透了吗？可是，它熟透了为什么只向地上落，而不向天上飞呢？

苹果落地，那是因为地球在吸引它。地球对苹果的引力，就是在高山上也不会减弱。如此说来，这种地球引力也能够到达月球了！牛顿的眼里闪出了奇异的光芒，长期以来思考的问题终于找到了解决的线索。

于是，牛顿开始在笔记本上画了起来。地球是圆的，在地面高处的任何一点，把一块石头轻轻放开，石头就会做自由落体运动，落到这一点的正下方，这是由于地球对石头有一种引力。如果不是将石头轻轻放手，而是向水平方向抛出，石头就会落到离这点较远的地方，其运行轨迹是一条抛物曲线，而且速度越大落地越远，这是因为石头在做水平运动的同时，也受地球引力的作用，所以飞过的路线是曲线。如果抛出的速度特别快的话，它就不落到地面上，而是沿着一定的轨道，围绕着地球转起来。那么，月球之所以能以一定距离围绕地球运动，就是因为月球总是向地球方向下落的缘故。就像苹果落地一样，月球也是向着地球下落的。

"啊！我明白了！"牛顿从地上一跃而起，高兴得一边大声喊着，一边往家跑去。

晚上，在烛光下，牛顿开始根据笔记本上的记录计算起来，得出了地球引力的减弱是与地球中心到月球的距离的平方成反比的。这就是"平方反比律"。后来他又联想到太阳、行星，也计算出引力同距离的平方成反比。这时，牛顿已经发现了万有引力定律，但他却把它放到桌子里了，因为他认为在未能证明这一定律的正确性之前是不能发表的。

直到 1687 年，牛顿在证明了万有引力定律后，才最终在《自然哲学的数学原理》一书中发表了自己的万有引力定律和运动三定律。该书中提出大量的新科学知识，使世界面貌发生了永久性的变化。

牛顿在 1668 年设计并实际制造了第一架反射式望远镜，即今天大多数天文观测使用的望远镜。他对现代数学最重要的成就是发明了微积分。牛顿为现代科学提供了一套可以用来科学预测的理论。牛顿对热力学和声学也作出了贡献。

牛顿不仅仅是最杰出的科学家，而且他还是科学理论发展中最有影响的人物。

◆ 第一次工业革命

工业革命又叫"产业革命"，是资本主义生产从工场手工业阶段过渡到大机器工业阶段的重大飞跃，是世界近代史上继资产阶级政治革命之后又一次世界性的革命。

17—18 世纪，英、法、美等国家资产阶级革命的胜利，为生产力的进一步发展扫清了道路。资本主义工场手工业的发展和科学技术的进步，为生产向机器大工业过渡准备了条件。随着市场的不断扩大，以手工技术为基础的工场手工业再也不能满足市场的需要。在这种情况下，资产阶级为了追求利润，不断进行技术革新，促使了工业革命的发生。

工业革命首先开始于 18 世纪 60 年代的英国，完成于 19 世纪 40 年代。这一过程是从棉纺织业开始的。这是因为：①棉纺织业是新兴的生产部门，投资少、利润高、资金周转期短；②棉纺织业与历史悠久的毛纺织业相比，很少受旧传统、旧习惯的束缚。该行业没有行业组织，也不受行规的限制，采用新技术比较容易。当时棉纺织业比较集中，比如兰开夏的棉纺织业，由于气候、温度和湿度都非常适合棉纺织工业，这里的棉织业发展尤为迅速。

1733 年，兰开夏的机械工凯伊发明了飞梭，将原来的掷梭子改为拉绳子，使梭子在滑槽上滑动，既解决了过去不能织较宽织品的问题，又节省了力气，加快了速度，工作效率大大提高，织布的速度提高了一倍。但是，"纱荒"也随之出现，改进纺纱技术便成为棉纺织业发展的关键。1779 年，纺纱工人塞缪尔·克隆普顿改造了水力纺织机，因该机兼有珍妮机和水力纺纱机的优点，像骡子一样兼有马和驴的优点，于是人们将其命名为"骡机"。用这种机器纺出来的纱质量有显著提高。

纺织机器的发明和使用又使动力成为急需解决的问题。以前的水力动力机在很大程度上受地理条件和季节的限制。于是，发明一种打破这些限制、适应性更强的动力机成为工业发展最为紧迫的要求。早在 1698 年托马斯·萨里夫就发明了蒸汽机筒，用于矿山抽水。1705 年，纽科门对该设备进行更新改造，制成第一台大气压力蒸汽机，利用蒸汽冷却时产生部分真空形成的大气压力作为动能。但该机器不适于作为动力机器普遍安装使用。哥拉斯堡大学的仪器修理工瓦特善于钻研，具有较高的科学素养，他改进的纽科门蒸汽机，比原纽科门蒸汽机耗煤少，且功效提高了 3 倍。此后他又发明了能普遍使用的高效动力机——复式蒸汽机，因其适用广，被称为"万能蒸汽机"。1785 年，万能蒸汽机开始用于棉纺织业。瓦特蒸汽机不再受地理、季节条件的限制，只要有煤作燃料就可以开动，而英国煤的蕴藏量非常丰富，建厂十分方便。因此，该机很快在全国广泛应用于纺织业、冶金业、面粉加工业，大工厂在英国各地纷纷建立起来。蒸汽机作为工业革命的象征，标志着人类社会生产进入了一个机械化时代。为了突出蒸汽机的重要作用，有人将这个时代形象地称为"蒸汽时代"。

机器的大量制造，也使对金属原料的需求量增加。蒸汽机的发明和使用，推动了冶铁和采煤工业的发展。冶铁业是英国古老的工业部门之一。过去一直用木炭作燃料，因而森林资源日趋枯竭。从17世纪中期起，冶铁业衰落，铁产量下降，英国不得不从外国大量进口生铁。1735年，德尔贝父子发明用焦煤炼铁。1760年，加装鼓风设备以后，这项技术被广泛采用，有力地促进了冶铁业的发展。1784年，工程师科尔特发明"搅炼法"和冶钢的"辗轧精炼法"，采用这种方法，既降低了成本，又大大提高了冶炼的效率和质量，使生铁产量在同一时间内增加14倍。采煤和冶铁技术的迅速提高，为其他工业部门的发展提供了条件。

蒸汽机的推广和各生产部门实现机械化，对机器制造业本身提出了技术改革的迫切要求。18世纪末，英国开始使用汽锤和简单的车床制造金属部件。后来，先后发明了各种锻压设备和钻床、刨床、镗床等工作母机，实现了用机器生产机器。到19世纪40年代，英国工场手工业被大机器生产所取代，用机器生产机器的机器制造业也建立、发展起来，至此，工业革命基本完成。英国成为世界上第一个工业国家。

19世纪，工业革命逐渐从英国延伸到欧洲大陆及世界其他地区。继英国之后，主要资本主义国家法国、美国、德国、俄国以及日本，也先后在19世纪中后期完成工业革命。资本主义经济飞速发展，自由资本主义兴起。

工业革命不仅是一场技术革命，也是一次深刻的社会变革，它对整个人类历史产生了重大的影响。第一，工业革命促进了社会生产力的惊人发展，商品经济最终取代了自然经济，手工工场逐渐被以大机器生产为特点的工厂取代。资本主义生产制度取得了统治地位。第二，工业革命极大地提高了劳动生产率，为巩固资产阶级革命成果奠定了雄厚的物质基础，保证了资本主义完全战胜封建主义。资本主义方式扩展到世界各地，资本主义制度在全球范围内得以确立。第三，随着工厂制度的建立，资本主义雇佣劳动制度普遍确立起来。社会阶级关系发生深刻变化，工业资产阶级和工业无产阶级最终形成，而两大阶级的对立和斗争逐渐明显和尖锐。第四，欧美资本主义国家为了扩大海外殖民掠夺和销售市场，大规模从事交通运输建设，致力于远洋运输网的开拓。全球性的交通网络逐渐形成，资本主义世界市场开始形成。第五，工业革命使更多的亚、非、拉国家沦为殖民地、半殖民地和附属国，造成了这些地区的长期落后，形成了东方从属于西方的局面。欧美资本主义列强加紧对亚、非、拉国家进行殖民掠夺的同时，也把先进的生产方式和工业技术带到这些地区，使其卷入了工业文明的潮流之中，这些国家也缓慢地走上了工业化的道路。

❖ 瓦特发明蒸汽机

1765 年 5 月的一个星期天，苏格兰格拉斯哥公园里，有一位貌不惊人的青年，他端坐在一条长凳上，却蹙紧了双眉，正在冥思苦想。当他翘首远望天空，看到朵朵白云在万里晴空中飘移的时候，眼睛突然亮了起来：那白云多么像蒸汽呀！蒸汽一膨胀，也会像白云似地飘动。如果设计一个装置，让蒸汽"飘"到这个装置里进行冷却，汽缸不就能够保持正常的温度吗？这时，他的思潮像打开的闸门，智慧如汹涌的江水一泻千里……

于是，他匆匆赶回家中，按照刚才的构思进行设计，不久，带有冷凝器的蒸汽机终于在他不辞辛劳的研究下诞生了。这个对蒸汽机作出关键性改进的青年，就是詹姆斯·瓦特。他当时是苏格兰格拉斯哥大学附属数学仪器厂的一名修造工，由于他制造出第一台实用的蒸汽机，人类的历史从此开创了一个新纪元。

1736 年，瓦特出生在苏格兰格拉斯哥城附近的格林诺克小镇上。18 岁那年，父亲经商失败，瓦特只好独立谋生，因为他身体很差，就选择了修理精密机械这一职业。22 岁时，他在格拉斯哥大学获得了机械师的职务，这是他一生中的转折点。在这里他有一个设备齐全而又精良的物理实验室，为他进一步学习及进行理化实验提供了良好的条件。在工作的进程中，由于他肯钻研，好学习，又有丰富的机械知识，从工作中逐渐显示了他的才能，因此深得该大学不少教授的赞赏和支持。

两年后，瓦特开始从事蒸汽机原理的分析，起先做了很多试验，均未见成效。后来，当他接受修理纽科门式蒸汽机的任务时，他不仅进行修理，而且还试图不断加以改进。经过数月的努力，反复的试测，他终于发明了冷凝器，切实解决了纽科门蒸汽机蒸汽凝聚问题。不久，他又在这个基础上，发明了二冲程蒸汽机。

新的蒸汽机虽然完成了，效率显著有所提高，然而缺点却依旧存在，继续改进是势在必行。瓦特为了完善他的发明，夜以继日地工作着。但是在那个时代，很难找到一位能按照复杂的图纸精确无误地进行工作的机械师，甚至连加工用的机床也不很精致，实验无疑往往以失败告终。

瓦特这时陷于一贫如洗的困境中，为了事业和发明，他不得不接受工业家贝克的资助，并答应贝克分享发明专利权 2/3 利润的苛刻要求。

1775 年，瓦特成功制造了蒸汽机最重要的部件——蒸汽气缸。直到 1785 年，瓦特和第二位股东及合作者默多克成功地设计了蒸汽分配缸，于是第一台完善的能够使用的蒸汽机终于诞生了。他这个艰辛的历程，先后共经过了 20 个年头。

瓦特蒸汽机的发明，为工业界注入了新的活力，及时满足了当时社会发展的需要。蒸汽机是人类继发明用火之后，在驯服自然力量方面所取得的最大胜利。

蒸汽机把火转化为动力，爆发了动力革命，给人们增添了无穷的力量。随着产业部门大工厂里隆隆的机器声响，大英帝国的发展到了鼎盛时期。它的另一位天之骄子斯蒂芬逊，把蒸汽机装到火车头上，从此铁路交通一日千里的发展，遍及全世界的每个角落。美国人富尔顿发明以蒸汽机为动力的轮船，往日的茫茫大海，也可通畅无阻。

工业革命在进行技术根本变革的同时，引起了社会生产关系的激烈变革。随着工厂制的普遍建立，英国社会就出现了两个新的对立阶级——近代工业无产阶级和工业资产阶级。蒸汽机和其他机械的发明与使用为资本家增添了利润，给工人带来的则是失业、饥饿和贫困。广大工人被无形的绳索捆缚在机器旁边，遭受资本家的残酷剥削，过着非人的生活。

童工的处境尤为悲惨。小至六七岁的孩子，清晨两三点钟就被从床上拉起来，一直干到深夜。繁重的劳动，恶劣的生活条件，造成广大童工发育不良，加之伤寒、霍乱、肺结核等传染病的蔓延，夺走了大批童工的生命。普勒斯敦这个地方，1837—1843年，工人的平均寿命是18岁。

尽管如此，瓦特的功绩是不可磨灭的，历史也将永远铭记他。1832年，也就是在瓦特去世13年后，人们在他的家乡格拉斯哥市的乔治广场上建造了一座瓦特铜像，以纪念这位杰出的发明家。这座铜像至今仍然屹立在那里，供人们瞻仰。

第二次工业革命

19 世纪 70 年代—20 世纪初，科学技术飞速发展，人类历史上又发生了一次新的工业革命，被称为"第二次工业革命"。

第一次工业革命和资本主义的迅速发展，使得自然科学在 19 世纪取得重大突破。在物理学方面，法拉第证明了电磁感应现象，伦琴发现了放射现象；在化学方面，"分子—原子结构"学说确立，门捷列夫制定了化学元素周期表；在生物学方面，细胞学说建立，达尔文创立了"生物进化论"学说。这些重大突破，为自然科学与生产技术相结合，把科学原理转化为技术直接运用到生产中去，创造了有利的条件。而世界市场的出现和资本主义世界体系的基本形成，又推动了商品的生产。因此，人们追求更高的生产效率，渴望有更好的机器和更强大的动力。这些条件，使第二次工业革命的发生成为可能。

第二次工业革命最主要的表现是电力的广泛应用。1866 年，德国人西门子制成发电机。4 年后，比利时的格拉姆发明了电动机。于是，电力作为一种新能源开始用来带动机器使用。此后，以电为能源的产品迅速被发明出来，如电灯、电车、电报、电话以及电焊技术等。电的广泛使用，造成对电力的需求大增。于是有了法国人马·德普勒关于远距离送电技术的发明，美国发明家爱迪生建成了第一座火力发电站，将输电线路结成了网络。制造发电、输电和配电设备的电力工业纷纷建立和发展起来。

这次工业革命的另一个重要表现是内燃机的发明和应用。19 世纪 70 年代—90 年代，德国人奥托、戴姆、狄塞尔先后发明了以煤气为燃料的四冲程内燃机、以汽油为燃料的内燃机和柴油机。这就解决了交通工具的发动机问题，引起了这一领域的革命性变革。80年代，汽车诞生；90年代，许多国家建立起汽车工业，并带动了内燃机车、远洋轮船、拖拉机和装甲车、飞机等的制造和使用，也促使石油开采与炼制业迅速发展起来。

化学工业也在这一时期兴起。无机化学工业、有机化学工业都相继建立和发展起来。纯碱、硫酸的生产，煤焦油的综合利用，促成了一系列新发明和新产品的出现，如化肥、化学药品、人造染料、人造丝和人造纤维等。炸药工业更成为化学工业的重要部门，瑞典人诺贝尔因发明火药和无烟火药而成为世界名人。

第二次工业革命在规模、深度和影响上都远远超过第一次工业革命，出现了不少新的特点：

第一，它有坚实的科学基础。所有成果都是科学技术运用于生产实践而创造出来的。没有热力学、电磁学、化学等的突破性成就，绝不可能出现新的工业革命。"科学技术是第一生产力"的原理得到了充分体现。

第二，它侧重于基础工业、重工业、化学工业、能源工业等部门，具有更强的经济改造能力和社会改造能力，使主要资本主义国家首先实现工业化。城市人口远远超过了农村人口。

第三，它是在几个先进大国同时起步，相互促进下进行的。其中，德国人贡献尤多，其次是美国人，英国与法国也有一些重要的发明。而且，某一国的重大发明，很快就被别国所吸收。你追我赶，经济发展迅速。到1900年，美、德、英、法4国的工业产值，已占全世界工业产值的72%。

第二次工业革命极大地促进了生产力的发展，人类社会进入电气时代。它改变了资本主义的工业结构、新兴工业部门，如电力工业、石油开采业、石油化工业、汽车制造业等重工业迅速发展起来，重工业逐渐取代轻工业在资本主义工业体系中占据主导地位。随着生产力的发展，生产和资本高度集中，引起了生产关系的变化，产生了垄断组织，垄断经济逐渐成为整个国民经济的基石，世界主要资本主义国家开始进入帝国主义阶段。垄断还进一步造成资本主义经济发展的不平衡。老牌国家英国和法国，经济发展相对缓慢。新兴的美国和德国经济发展相当快，工业总产值超过英、法而位居世界第一和第二。俄国和日本经济也迅速发展。这就刺激了帝国主义列强对世界霸权和殖民地的掠夺，加深了列强之间的矛盾，造成国际局势的紧张，最终酿成第一次世界大战。

 # 爱因斯坦的相对论

1919 年 11 月，正值第一次世界大战结束一周年之际，英国人民都在庆祝"第一次世界大战停战纪念日"。就在这一天，《泰晤士报》在《科学的大革命》的标题下，报道了一条震惊世界的大新闻："已经有人超越牛顿了！"这个消息立刻轰动了英国。

这是一篇关于观测队在几内亚湾观测结果的报道。人们在初读这条新闻时，会疑窦丛生：观测队远征几内亚湾，如何称得上"科学大革命"呢？但是，英国皇家学会会长说："这是科学思想上的新发现，是牛顿发现各种定律以后有关重力方面最卓越的贡献。"原来，这支观测队远征几内亚湾，是为了证明爱因斯坦的相对论。科学家们认为，这个物理学的新概念虽然难以理解，却包含了物理学所有的研究领域。观测队的实地观察证明，牛顿过去的理论与现在所获得的结果并不完全相符。

1879 年 3 月 14 日，阿尔伯特·爱因斯坦出生在德国西南的乌尔姆城，几年后随全家迁居慕尼黑。他父母都是犹太人。爱因斯坦小时候并不活泼，3岁多还不会讲话，9岁时讲话还不很通畅，所讲的每一句话都必须经过吃力但认真的思考，这使得他的父母甚至担心他可能是智力迟钝的儿童。据说在1894年爱因斯坦还被慕尼黑中学斥退，学校认为他"调皮捣蛋"。他在这方面的行为举止实在是超出了一个15岁少年的应有行为。他对德国事物的

爱因斯坦

仇恨加深，不愿再作一位德国公民。他说服他的父亲，为他申请放弃公民资格，这个要求1896年得到当局批准。他事实上没有国籍，直到1901年他才获得瑞士公民资格。

爱因斯坦在瑞士受完中学教育后，丁1896年在第二次尝试中通过了入学考试，进入苏黎世瑞士联邦理工学院。毕业后爱因斯坦因没有得到一个学术职位，只好以做家庭教师为业，直到1902年他才在伯尔尼瑞士专利局得到一个第三等技术员的职务。他在这里继续思考和研究物理学上的问题。1905年，他在《物理学年鉴》杂志上发表了4篇论文，都是指导20世纪物理学前进的著作。

1905年，爱因斯坦在狭义相对论、光电效应和布朗运动3个不同领域里取得了重大成果，表现出惊人的才智。但是，当时科学界对此作出响应的人寥寥无几，法国著名科学家朗之万曾对爱因斯坦说，全世界只有几个人知道什么是相对论；大多数人是怀疑的，有的甚至坚决反对。这是因为伽利略和牛顿创立的古典力学理论体系，经历了200年的发展后取得了辉煌成就。尽管旧的理论体系和新的事实之间出现了尖锐的矛盾，但许多物理学家仍不能摆脱它的束缚。

他们力图把新的实验事实和物理现象容纳在旧的理论框架中，但爱因斯坦却不迷信前人，他探索着把相对论推广到更为广泛的运动情况中去。为此他又研究了整整 10 年。1916 年，爱因斯坦发表了总结性论著《广义相对论原理》。

19 世纪末，麦克斯韦电磁场理论和牛顿力学趋于完善，一些物理学家认为"物理学的发展实际上已经结束"，但当人们运用伽利略变换解释光的传播等问题时，发现一系列尖锐矛盾，对经典时空观产生了疑问。爱因斯坦针对这些问题，提出物理学中新的时空观，建立了可与光速相比拟的高速运动物体的规律，创立了狭义相对论。

狭义相对论的基本原理是：1. 在一切惯性系中，基本物理定律都是相同的，称为"狭义相对性原理"。2. 在任何惯性系中，真空中的光速都相同，恒定地等于 c，且与光源的运动无关，称为"光速不变原理"。由此得出时间和空间各量从一个惯性系变换到另一惯性系时，应满足洛仑兹变换，而不是伽利略变换，并导出许多重要结论，主要有：量度物体长度时，运动物体沿运动方向的长度比静止时缩短，即"尺缩效应"；量度物体的时间历程时，运动物体的时间进程比静止时长，运动的钟比静止的钟走得慢，即"钟慢效应"；物体的质量随运动速度的增大而变大；质量为 m 的物体具有的总能量为 $E = mc^2$（质能关系式）；任何物体的速度不可能超过光速 c 等。这些结论与大量的高速（接近光速）运动的粒子的经验事实相符合，特别在原子核能释放中质能关系式被具体化，使人类进入原子能时代，为电磁场、核力场和弱力场理论的进一步发展奠定了基础。上述理论从相对性原理出发，而且只对惯性系有效，称为"狭义相对论"。

相对论使人类的时空观发生革命性变化，摒弃了牛顿提出的时间、空间与物质运动无关的所谓绝对时间和绝对空间观念，发现时间、空间、物质及其运动的紧密联系，为辩证唯物主义提供了典型事实。

在狭义相对论基础上，爱因斯坦根据同一物体的惯性质量（由牛顿第二定律决定的质量）和引力质量（由万有引力定律决定的质量）总相等的实验事实，运用"思想实验"得出重要结论：在局部空间里，加速系统中的观察者看到的所有物理现象等同于在引力场中静止观察者看到的现象。如一个升降机在没有引力的空间上升，加速度与地球重力加速度相同，机内观察者观察到自由释放的物体下落的规律与站在地面上的人观察自由落体运动所得的规律完全一样。这时，机内的人可以认为物体下落是受一个力（惯性力）作用的结果。爱因斯坦引入等效原理，即在一个小体积范围内万有引力和某一加速系中的惯性力互相等效，同时把狭义相对论原理推广为广义相对性原理，即物理学的基本规律乃至对于任何参考系都相同的自然规律，具有相同的数学形式。以这两个原理为基础建立的理论，适用于一切参考系，称为"广义相对论"。

广义相对论得出一系列重要结论，认为时间、空间将因物质的存在和分布变得不均匀，即发生"时空弯曲"，揭示物质与其存在形式的紧密联系，空间并不是欧几里得的"平直空间"或牛顿的"绝对空间"；并认为这种"时空弯曲"是产生万有引力的原因，据此建立了"引力场论"；认为狭义相对论是广义相对论在没有万有引力场时的特殊情况。对现代物理学和现代哲学产生巨大影响，奠定了现代理论天体物理学基础。广义相对论作出 3 个重要实验预言：光线在引力场中将弯曲，水星近日点的移动和光在引力场中光谱线会发生红移。

爱因斯坦建立广义相对论时认为：宇宙中不仅充满运动着的物质——电磁场，同时存在另一种运动着的物质——引力场。运动的带电粒子产生在空间传播的变化的电磁场，形成电磁波；运动的物体产生在空间传播的变化的引力场，形成引力波。一切具有质量的

物质都应相互吸引，而不管该质量的起源如何。光既然具有质量，也应和其他物质通过引力场的传递相互吸引，得出引力场和电磁场的存在导致"时空弯曲"结论，物质集中的地方是引力场"浓密"的地方，也是时空弯曲最大的地方，这是时空弯曲产生质量的吸引效应——万有引力。

爱因斯坦在建立电磁场和引力场统一理论——"统一场论"（爱因斯坦认为，电力、磁力与重力是一个东西的 3 种表现，如同水、冰和水蒸气都是由 H_2O 组成一样。统一场就是要把电力、磁力与重力联系在一起，而成为宇宙中的一个基本的宇宙力场，也就是统一场。反过来说，统一场是由电力、磁力和重力这 3 个基本力互相演变与斥合来决定宇宙的性质。宇宙中充满许多重力波和磁力线，只要你知道怎样去利用，它就可以为你服务）中进一步认为，场和实物没有本质区别，实物所在地就是场聚集的地方，"抛出去的石子就是变化着的场（引力波），在变化着的场中场强最大的态以石子的速度穿过空间。"连续的"场是唯一的实在"。

爱因斯坦相对论的计算方法，实在令人不可思议：如果以 26 万千米/秒的速度移动，其相对位置的钟表就会以 2 倍的速度运转。在动的速度上，不仅时间，就是物体的大小和质量也会发生变化。假如在这种超高速下，把头部向前倾并继续前进，身长可能会比平常缩短 1/2（有人为证明这点，尝试用尺测量了一下，结果无法测量出来，因为尺子也受到同样作用的影响）。

总之，没有绝对的时间、空间，也没有绝对的运动；一切可观察的原理都是相对的。

可是，除了说明水星轨道的特殊性以外，几乎无法推测这个理论的正确性。而要抓住以光速运动的物理动态来印证这个理论的机会，几乎等于零。所以，爱因斯坦起初也不敢相信，后来经过长期的观察，发现了光线接近太阳时所产生的折射状态，才敢确定自己的想法是正确的。然而，大多数科学家对此推论不置可否。

1919 年出现的日食现象，提供了证实的良机。通常日食时，赤道地带都是日全食。英国皇家学会派了两支观测队到赤道地区，一队到巴西，另一队到几内亚湾。最终验证了爱因斯坦理论的正确。

量子物理与相对论同为近代物理两大支柱，不过前者为集体创作，后者却几乎是爱因斯坦一人的心血。单凭这一点，若要挑选本世纪最具代表性的物理大师，爱因斯坦就当之无愧。

爱因斯坦在科学思想上的贡献，在历史上也许只有牛顿和达尔文可以媲美。相对论原理的建立是人类对自然界认识过程中的一次飞跃。相对论圆满地把传统物理学包括在自身的理论体系之中。广义相对论开阔了人类的视野，使科学研究的范围从无限小的微观世界到无限大的宏观世界。今天，相对论已成为原子能科学、宇宙航行和天文学的理论基础，被广泛运用于理论科学和应用科学之中。爱因斯坦的伟大成就——相对论，是自然科学发展史上的一个划时代的里程碑。

❖ 莱特兄弟发明飞机

征服自然，飞上太空，是人类很早就产生的一种强烈愿望。经过不断的努力，莱特兄弟终于实现了人们飞天的愿望，奠定了今天宇宙航行的基础。

威尔伯·莱特 1867 年生于美国印地安纳州的米尔维尔，他的弟弟奥维尔·莱特 1871 年生于美国俄亥俄州的代顿。莱特兄弟从小具有机械方面的天赋，而且对载人飞行感兴趣。父母很注重培养他们的动手能力，并教给兄弟俩一些科学常识。由于家境不富裕，莱特兄弟都受过一段高中教育，但并未读完高中。

1892 年，莱特兄弟开了一家自行车商店。他们一边干活挣钱，一边研究飞行的资料。3 年后，他们掌握了大量有关航空方面的知识并决定仿制一架滑翔机。莱特兄弟俩的成就是紧密结合成一体的。

他们首先观察老鹰在空中飞行的动作，然后一张又一张地画下来，之后才着手设计滑翔机。1900 年 10 月，莱特兄弟终于制成了他们第一架滑翔机，并把它带到离代顿很远的吉蒂霍克海边，这里十分偏僻，周围既没有树木也没有民房，而且这里风力很大，非常适宜放飞滑翔机。

莱特兄弟和世界上第一架飞机

兄弟俩用了一个星期的时间，把滑翔机装好，先把它系上绳索，像风筝那样放飞，结果成功了。然后由威尔伯坐上去进行试验，虽然飞了起来，但只有 3 米多高。

第二年，兄弟俩在上次制作的基础上，经过多次改进，又制成了一架滑翔机。这年秋天，他们又来到吉蒂霍克海边，一试验，飞行高度一下达到 180 米之高。

兄弟俩非常高兴，但并不满足。他们想：能否制造一种不用风力也能飞行的机器？

兄弟俩反复思考，把有关飞行的资料集中起来，反复研究，始终想不到用什么动力，把庞大的滑翔机和人运到空中。有一天，车行门前停了一辆汽车，司机向他们借一把工具用用，来修理一下汽车的发动机。兄弟俩灵机一动：能不能用汽车的发动机来推动飞行？

从这以后，弟兄俩围绕发动机动开了脑筋。他们首先测出滑翔机的最大运载能力是90公斤，于是，他们向工厂订制一个不超过90公斤的发动机。但当时最轻的发动机是190公斤，工厂无法制出这么轻的发动机。后来，一名制造发动机的工程师知道了这件事情，答应帮助莱特兄弟。过了一段时间，这位工程师果然造出一部8.82千瓦、重量只有70公斤的汽油发动机。

弟兄俩非常高兴，很快便着手研究怎样利用发动机来推动滑翔机飞行。经过无数次的试验，他们终于把发动机安装在滑翔机上，不过是在滑翔机上安上螺旋桨，由发动机来推动螺旋桨旋转，带动滑翔机飞行。

1903年9月，莱特兄弟带着他们装有发动机的滑翔机再次来到吉蒂霍克海边试飞。虽然这次试飞失败了，但他们从中吸取了很多经验教训。莱特兄弟毫不气馁，仍然坚持试飞。就在这时，一位名叫兰莱的发明家，受美国政府的委托，制造了一架带有汽油发动机的飞机，在试飞中坠入大海。

莱特兄弟得知这个消息，便前去调查，并从兰莱的失败中吸取了教训，获得了很多经验，他们对飞机的每一部件做了严格的检查，制定了严格的操作规定。1903年12月14日，他们又来到吉蒂霍克进行试飞试验。这天下午，兄弟俩先在地面上安置两根固定在木头上的铁轨，并有一定的斜度，好让飞机方便地滑行。接着，就把他们制造的飞机，放在铁轨上面。最后是由谁先飞的问题，兄弟俩争执不下，只好用抛硬币的方法，由威尔伯先飞。

威尔伯上机后，伏卧在飞机正中，一会儿便发动飞机，发动机传出轰鸣的声音，螺旋桨也慢慢地转了起来。飞机在斜坡上刚滑行3米，就挣脱了系在后面的铁丝，呼啸着升到空中。

"飞起来啦!"奥维尔兴奋地叫道。话音未落,飞机突然减慢速度,很快掉落在地上。整个飞行时间不到 4 分钟。

奥维尔赶忙跑上前去。威尔伯已从堕落的飞机里跳了出来,兄弟俩赶紧观察飞机,飞机也未受损。

"是什么问题呢?"兄弟俩左思右想,逐一检查。发动机没毛病,螺旋桨转动很好,技术操作也完全正确……"哥哥,我知道原因了!"奥维尔满面笑容地说道:"咱们是利用斜坡滑行的,距离只有 3 米飞机就起飞了。而这时螺旋桨的转动还没有达到高速,所以一会儿就栽了下来。""对呀!"威尔伯点头称是,接着说道:"咱们不能利用斜坡滑行起飞,而要靠螺旋桨的力量飞上去。这样吧,把铁轨装在平整的地方再试验一下。"

他们连续工作了 3 天,把铁轨又重新安置在一片平坦的地面上。

1903 年 12 月 17 日上午 10 时,天空低云密布,寒风刺骨。被兄弟俩邀来观看飞行的农民冻得直打寒战,一再催促兄弟俩快点飞行。

这次由奥维尔试飞,只见他爬上飞机,伏卧在驾驶位上。一会儿,发动机开始轰鸣,螺旋桨也开始转动。

突然,飞机滑动起来,一下子升到 3 米多高,随即水平地向前飞去。

"飞起来啦! 飞起来啦!"几个农民高兴地呼唤起来,并且随着威尔伯,在飞机后面追赶着。

飞机飞行了 30 米后,稳稳地着陆了。威尔伯冲上前去,激动地扑到刚从飞机里爬出来的弟弟身上,热泪盈眶地喊道:"我们成功了! 我们成功了!"

45 分钟后,威尔伯又飞了一次,飞行距离达到 52 米,又过了一段时间,奥维尔又一次飞行,这次飞行了 59 秒,距离达到 255 米。

这是人类历史上第一次驾驶飞机飞行成功,莱特兄弟把这个消息告诉报社,可报社不相信这种事,拒不发布消息。莱特兄弟并不在乎，继续改进他们的飞机。不久，兄弟俩又制造出能乘坐两个人的飞机，并且在空中飞了一个多小时。

消息传开后，人们奔走相告，美国政府非常重视，决定让莱特做一次试飞表演。

1908 年 9 月 10 日这天，天气异常晴朗，飞机飞行的场地上围满了观看的人们。大家兴致勃勃，等待着莱特兄弟的飞行。

10 点左右，弟弟奥维尔驾驶着他们的飞机，在一片欢呼声中，自由自在地飞向天空，两支长长的机翼从空中划过，恰似一只展翅飞翔的雄鹰。

人们再也抑制不住他们的激动心情，昂首天空，呼唤着莱特兄弟的名字，多少人的梦想终于变为现实。

飞机在 76 米的高度飞行了 74 分钟，并且运载了一名勇敢的乘客。当它着陆之后，人们从四面八方围了起来。过后不久，莱特兄弟在政府的支持下，创办了一家飞行公司，同时开办了飞行学校，从这以后，飞机成了人们又一项先进的运输工具。

在莱特兄弟以后，人们又不断改良飞机，逐渐才有了现在的飞机。

飞机的出现使战争范围从地面、水面扩展到了空中，蓝色天空也燃起了熊熊战火，空军作为一个独立的新军种异军突起，从此翻开了 20 世纪恢弘的"空战世纪"的第一页。除了战争以外，飞机也用于客运和货运。飞机的发明极大地缩短了陆地、海洋之间的距离，大大缩短了人们之间的距离，方便了人们的生活，促进了社会的进步。飞机成为现代文明最富有象征意义的标志之一。此外，飞机的发明也是人类飞出地球、走向太空的重要步骤，是人类走向太空时代的重要一步。

青霉素的发明

1928 年夏天，天气格外闷热，英国赖特研究中心破例放了一个暑假。这天，该中心的弗莱明医生心情异常烦躁，几天来的连续失败加上热得透不过气来的天气，使他什么事也不想干。他胡乱放下手中的实验，准备去海滨避暑。实验台上的器皿就那么杂乱无章地放着。这在一向细心的弗莱明 20 多年的科研生涯中还是第一次。

弗莱明 1881 年 8 月 6 日出生于英国爱尔沙亚的一座农庄。他的父亲是个庄园主，爱好自然科学，他的兄长是个医生。弗莱明从小便受父兄的影响，立志从医。在他 14 岁时，便去伦敦与兄长住在一起，随后在一家船运公司做工。后来，弗莱明继承了一笔数目不多的遗产，得以进入伦敦大学圣玛丽医学院学医。学习期间，勤奋聪颖的弗莱明几乎取得了所有的奖学金。1908 年，他以优异的成绩获得医学博士学位，成了一名医生。

9 月初，天气渐渐凉了下来，人们的心情也趋于平和。弗莱明回到了他离开多日的实验室。一进门，他就习惯性地去观察那些放假前放在工作台上的盛有培养液的培养皿。望着已经发霉长毛的培养皿，他有些后悔莫及，后悔在度假前没把它们收拾好。这时，一只长了一团团青绿色霉花的培养皿引起了弗莱明的注意，他拿起这只被污染了的培养皿，仔细观察起来，他的助手正准备清理这些培养皿，便说："先生，培养基发霉了，我把它倒掉吧。"

"不，这里好像有'文章'。"弗莱明走到窗前，对着亮光，他发现了一个奇特的现象：在霉花的周围出现了一圈空白，原先生长旺盛的葡萄球菌不见了。弗莱明马上意识到：会不会是这些葡萄球菌被某种霉菌杀死了呢？他抑制住内心的惊喜，急忙把这只培养皿放到显微镜下观察，霉花周围的葡萄球菌果然全部死掉了。这位细心的科学家特地将这些青绿色的霉菌培养了许多，然后把过滤过的培养液滴到葡萄球菌中去。结果，奇迹出现了，几小时内，葡萄球菌全部死亡。他又把培养液稀释 10 倍、100 倍……直至 800 倍，逐一滴到葡萄球菌中，观察它们的杀菌效果，结果表明，它们均能将葡萄球菌全部杀死。

进一步的动物实验表明，这种霉菌对细菌有相当大的毒性，而对白细胞却没有丝毫影响，就是说它对动物是无害的。

一天，一个助手因手被玻璃划伤而开始化脓，肿痛得很厉害。他来向弗莱明请假，说要去医院看一下。弗莱明看着助手红肿的手背，心想，这无疑是感染了细菌。他取来一根玻璃棒，蘸了些做实验的霉菌培养液，一边涂在助手的手上，一边说："不用去医院了，过几天手就好了。"第二天，助手就跑来对弗莱明说："先生，您的药真灵，瞧，我的手背好了。您用的是什么灵丹妙药啊？"望着助手消尽了红肿的手背，弗莱明高兴地说："我给它命名为盘尼西林（penicillin）！"

之后，弗莱明和他的助手在更进一步的实验基础上，于 1929 年 6 月，在英国的《实验病理学》杂志上发表了关于盘尼西林的论文。然而遗憾的是，弗莱明不是一个化学家。盘尼西林培养液中的有效成分太少了，他对于盘尼西林的提纯问题始终没能解决。加上当时磺胺药在全球的风行，盘尼西林并未引起人们的重视。但弗莱明相信，盘尼西林总有一天会造福人类，他细心地保存着菌种，一代一代地进行着培养。

第二次世界大战期间，欧洲战场上无数伤员因伤口感染化脓而死亡。当时的抗菌良药磺胺对高烧的伤员已无济于事。面对绝望的伤员，护士只能拿来纸和笔，让他们留下遗嘱。

就在这种情形下，一种神奇的黄色粉末被溶解在蒸馏水中注射进了伤员的体内。几天以后，奇迹出现了，19 名被"判死刑"的高烧伤员中，竟有 12 名渐渐退了烧，不久便康复出院。也正是这种神奇的药，使许多开放性骨折伤员的伤口不再流脓。这就是最初的青霉素，它很快轰动了整个医院以至整个世界，甚至引起了一股"盘尼西林旋风"。1944 年 8 月 14 日，一期《生活》杂志上的广告声明："来自普通的霉菌！对战争创伤最伟大的治疗！"青霉素成了各科医生的必备抗菌剂。

青霉素的大量生产，拯救了千百万伤病员，成为第二次世界大战中与原子弹、雷达并列的三大发明之一。青霉素的发现是人类发展抗菌素历史上的一个里程碑。直到今天，它仍是流行最广、应用最多的抗菌素。青霉素能杀灭各种病菌，还可以治疗各种炎症。而且它对人体几乎没有毒性。因此除了极少数对青霉素过敏的人，大多数病人都能借助青霉素恢复健康。也正是青霉素的发现，引起了医学界寻找抗菌素新药的高潮，人类进入了合成新药的时代。

❖ 电脑的诞生

1943 年 4 月 9 日，在近代电子计算机的发展史上，是具有历史意义的一天。这一天，一个决定电子计算机制造工作是否要上马的重要决策性会议，正在美国阿伯丁召开。

会议和气氛是紧张而严肃的。因为当时正处于第二次世界大战的后期，美国作为同盟国参加了战争。随着战争的发展，作战部队对武器装备的要求越来越急迫。在把新研制出来的武器配备到第一线之前，需要做性能的测定和确认，美国陆军兵工局将这一任务交给了阿伯丁弹道试验场，要求每天提供 6 张武器火力弹道表。阿伯丁试验场当时聘用了很多计算能手，即使使用台式机械计算机，作出一张弹道表也需要 2—3 个月的时间。对于必须加紧武器生产来装备前线的军方来说，这样的速度如何能满足作战的要求呢？缩短计算时间成了当务之急。为此，宾夕法尼亚大学莫尔学院为军方起草了一个制造一台电子数字计算机的发展计划，经费预算为 15 万美元。

领导这项工作的总工程师是年仅 24 岁的埃克特，主要负责困难而复杂的工程技术问题，30 多岁的物理学家莫克利担任总体设计，格尔斯坦负责组织工作。而莫尔学院有声望的勃雷纳德教授尽管自己没有把握担保能达到预定方案，但他支持了莫尔小组，因为他看到了这班年轻人的创造精神和蓬勃朝气。

匈牙利著名的数字家诺依曼当时正在曼哈顿参加第一颗原子弹的研制工作，他在计算原子核裂变反应的过程中，同样遇到了极大困难。尽管有成百名计算员帮忙，仍无法按时完成判断一次核反应过程所需要的数十亿次计算。正当他为此事焦虑不安之时，1944 年夏天，一个偶然的机会，他得知了莫尔小组的工作，他立刻专程赶到莫尔学院参观，并参加了一系列改进设计的讨论。凭着他的洞察力，他立刻断定电子计算机的制造是解决原子核裂变计算难题的最有希望的途径，因此他果断决定投身其中。

诺依曼懂 7 国文字，在美国学术界已有盛名，他的参加使莫尔小组引起社会的极大关注，创造了良好的社会环境。他的坚实的科学技术基础和极强的综合能力，极大地提高了莫尔小组的整体水平。加上军方有关部门远见卓识，全力支持，莫尔小组毅然自断后路，以空前的规模招聘了 30 多名工程师和 200 多人参加工作。经过两年半日夜不停地艰苦奋战，方案修改了 12 次，经费开支超过了 48 万美元，终于在 1945 年 12 月成功制造了世界上第一台电子计算机，

命名为"埃尼阿克"。此时，第二次世界大战已经结束将近半年了。

"埃尼阿克"共使用了18000个电子管，另加1500个继电器以及其他器件，其总体积约90立方米，重达30吨，占地170平方米，需要用一间30多米长的大房间才能存放，是个地地道道的庞然大物。这台耗电量为150千瓦的计算机，运算速度为每秒5000次加法，或者500次乘法，比机械式的继电器计算机快1000倍。当"埃尼阿克"公开展出时，一条炮弹的轨道用20秒钟就能算出来，比炮弹自身的飞行速度还快。"埃尼阿克"的存储器是电子装置，它能够在一天内完成几千万次乘法，大约相当于一个人用台式计算机操作40年的工作量。

"埃尼阿克"最初虽然是为了进行弹道计算而设计的专用计算机。但后来通过改变插入控制板里的接线方式来解决各种不同的问题，而成为一台通用机。它的一种改型机曾用于氢弹的研制。英国无线电工程师协会的蒙巴顿将军把"埃尼阿克"的出现誉为"诞生了一个电子的大脑"，"电脑"的名称由此流传开来。

从此以后，现代电子计算机经历了一代代产品的更新，从电子管到晶体管、从集成电路到人工智能，计算机技术出现了巨大飞跃：体积越来越小，速度越来越快，价钱越来越便宜，效率越来越高，功能越来越强，应用范围越来越广。电子计算机的研究沿着高计算速度、大存储容量、微型化、网络化、智能模拟的方向发展。

计算机是人类历史上最伟大的发明之一，今天，随着电子计算机大举进入千家万户，其渗透几乎已无处不在，与人类生活息息相关。电子计算机的广泛应用促进了当今世界新技术革命的蓬勃发展，也必将引起人类社会结构、生产过程、工作方法以及生活方式的巨大变革，从而推进整个人类的文明进程。

人类首次登月

月球是地球的唯一卫星。从地球上望月球，月球在一个月中会呈现出不同的形状，即所谓的"盈亏"。这是由月球在运动过程中所处的轨道位置与地球、太阳的角度不同而造成的，月球的"盈亏"无论是过去，还是现在，都对地球本身及人类有着重大的影响。

人类对高悬的月亮，有过"嫦娥奔月"一样美丽的梦想。1969年7月20日，美国"阿波罗11号"宇宙飞船登月舱在月球着陆。人类首次真正登上了月球。

美国人着手登月计划始于1960年。当时，前苏联正在筹划将第一艘载人宇宙飞船送入太空。在一次重要的会议上，曾经设计、制造了著名的V-2火箭的美籍德国人冯·布劳恩提议道："我们不能跟在苏联人身后走，我建议立即制订一个载人登月计划，抢在苏联人之前把人送上月球！"冯·布劳恩的建议得到与会者一致赞同。很快美国国家航空与航天局制定了一个"10年登月计划"。1961年5月25日，美国总统肯尼迪正式宣布已经制定出这项名为"阿波罗"的登月计划，要在20世纪60年代结束以前把人送到月球，彻底改变在空间竞争中落后于苏联的地位。

"阿波罗"计划耗资230亿美元，有2万多家企业、200多所大学和80多个科研机构的42万人参与了这一庞大的工程，其中包括4万多名工程师、学者。

为了给"阿波罗"登月行动做准备，1966年3月美国"双子星座"号宇宙飞船进行了飞船对接、太空行走等试验。后因模拟舱内燃起烈火，怀特、格里索姆和查菲这3名在指令舱内训练的宇航员以身殉职。为此事，美国宇航局对"阿波罗"宇宙飞船的内部系统作出了较大的变动，登月时间被推迟一年。1968 年 12 月，"阿波罗 8 号"在离月球 100 千米的轨道飞行 6 圈后返回地球，历时 147小时。

1969 年 5 月 18 日，"阿波罗 10 号"宇宙飞船用了 75 小时飞入月球轨道，在月球轨道上实现了登月舱和母船分离，然后，登月舱再次与母船对接，于 5 月 26 日平安返回地球。至此，美国的宇航专家们确信，登月的时机已经成熟。

1969 年 7 月 19 日清晨，美国佛罗里达州肯尼迪国家宇航中心的39－A 发射台上，耸立着"阿波罗 11 号"宇宙飞船，飞船长 25 米，重 4.5 吨，由 3 个舱组成，从上到下依次为：指令舱、驾驶舱、登月舱。在指令舱中，3 名宇航员并排躺着，他们是：尼尔·阿姆斯特朗、埃德温曲金·奥尔德林、迈克尔·柯林斯。用于发射飞船的火箭是"土星 5 号"。"土星 5 号"长 85 米，共有 11 个高功率的发动机。

9 时 32 分，发射令一下，发射台下亮起橘红色的火焰，喷出浓重的白雾。"土星 5 号"缓缓地、稳稳地推着"阿波罗 11 号"宇宙飞船腾空而起。然后，越飞越快，直入蔚蓝的天空。经过 9 分钟，"土星 5 号"的第一级与第二级已先后脱落，不久，第三级也停止了工作，余下的燃料以备从月球返回时使用。此时，"阿波罗 11 号"已进入绕地球飞行的轨道，时速为 24300 千米。其后，飞船调整好方向，直奔月球。

"阿波罗 11 号"飞船飞行 30 多小时后，宇航员向全世界播放飞船电视专题节目。全世界许多国家的观众观看了这次电视实况转播，观众总数达 5 亿以上。

7 月 19 日下午 1 时 20 分，"阿波罗 11 号"已飞行 70 多个小时，接近月球表面。为了使飞船减速，点燃了推进系统，使时速从 10461

千米减至 5955 千米。飞船绕月球飞行 2 圈后，再次点燃推进系统，使之进入一个绕月球的椭圆形轨道，近地点距月面 100 千米，远地点为 24 千米。

阿姆斯特朗和奥尔德林两位宇航员，此时从名为"哥伦比亚"号的指令舱中通过增压通道，进入名为"鹰"号的登月舱。而柯林斯则留在"哥伦比亚"号指令舱内。不一会儿，"鹰"号弹射出去。

"鹰号"登月舱进入一个椭圆轨道，然后启动发动机，降到离月球 2316 米的高度。再继续下降，降至 152 米的高度。接下来则由宇航员用操纵杆使登月舱向月面缓缓降落。

7 月 20 日，美国东部夏令时下午 4 时 17 分 41 秒，登月舱"鹰"号平稳地降落到月球的表面。两名宇航员用了 3 个小时做出舱准备，又用了 3 个小时降低舱内压力。

10 时 51 分，"阿波罗 11 号"指令长阿姆斯特朗从登月舱中爬出来。他在登月舱的扶梯上架好电视摄像机，以便向世界转播登月过程。10 时 56 分，阿姆斯特朗伸出左脚，小心地放于月球表面。接着，他的右脚也站到了月面上。这时，阿姆斯特朗以略带激动的语气说："这对一个人来说是小小的一步，但对人类来说则是一次巨大的跃进！"

过了 18 分钟，另一名宇航员奥尔德林也从容地下了登月舱。随后，两位宇航员在"鹰"号降落处立了一块金属牌。牌上有美国总统尼克松的签名和 3 位宇航员的名字，牌上还刻着这样一句话："这里是公元 1969 年 7 月从地球上来的人第一次涉足月球的地方，我们为全人类和平而来。"接着，两人又竖起一面金属制作的美国国旗。

两人对月面进行考察，收集了 2.3 千克左右的月球岩石与土壤，安置了日射微粒流收集器、月震探测器和莱塞反射器。他们还观察了"鹰"号着陆时月面下陷的情况，并进行了步行与跑动的试验。两人时跑时跳，脚像蹬在蹦床上，只要轻轻用力，就能跳起来，因为月球引力只有地球引力的1/6。2.5小时后，这两位宇航员结束了对月球的访问，相继进入登月舱。"鹰"号腾空而起，与在轨道上等待的"哥伦比亚"号顺利地实现了对接，开始了返回地球的归途。

自"阿波罗11号"登月成功后，"阿波罗"12、14、15、16、17号相继登月成功。"阿波罗13号"飞船在途中由于服务舱氧气箱爆炸遇险，但是宇航员依靠登月舱的动力装置而得以逃生，因此也被认为是"成功的失败"。

"阿波罗"计划是人类探索太空的第一步，使人类第一次登上了月球。

克隆绵羊"多利"出世

1996年7月，一只名叫"多利"的绵羊的降生把全世界都搅得沸沸扬扬。这只白白胖胖、一身卷毛的小羊，身体健康、活泼好动，跟一般的绵羊没有什么区别，然而英国权威的科学家杂志《自然》却于1997年2月27日刊登文章说明，这只"多利"绵羊是用成年绵羊的细胞基因成功繁殖的，"多利"继承了妈妈的全部基因特性，换句话说，"多利"是照着妈妈百分之百地复制出来的。文章同时提出，从理论上讲，这种基因工程技术可以用来复制人类。

英国爱丁堡的罗斯林研究所是"多利"诞生地。著名生物学家伊恩·威尔莫特和基恩·坎贝尔领导的研究小组操纵了"多利"的胚胎发育和诞生的全部过程。

科学家们首先利用药物促使母羊排卵，然后将未受精的卵取出放到一个极细的试管底部，再由另外一种更细的试管将羊卵膜刺破，从中吸出所有的染色体，这样就制成了具有活性但无遗传物质的卵空壳。接着，他们从"多利"的妈妈——一只6岁的母羊的乳腺中取出一个普通组织细胞，使乳腺细胞与没有遗传物质的卵细胞融合，通过电流刺激作用使两者结合成一个含有新的遗传物质的卵细胞。这一卵细胞在试管中开始分裂、繁殖，形成胚胎，当胚胎生长到一定程度时，研究人员再将其植入母羊子宫内，使母羊怀孕。

这样"多利"的母亲，就一共有3位：一个是为它提供卵细胞空壳的，一个是为它提供乳腺组织细胞的，第三个则是为它提供胚胎发育基地子宫的，它是一只长着黑色脸庞的老母羊。

罗斯林研究所的科学家们以前利用"克隆"的方法繁殖出一些两栖动物，但从未在哺乳动物身上成功过。"多利"出生之前，在绵羊的繁殖试验中，他们遭受了300多次的失败。当胚胎被植入那只黑脸母羊体内后，科学家们一直紧张不安，"那只黑脸老母羊会不会生下个怪物？"直到看见母羊顺利生产，小"多利"一切正常时，他们才舒了一口气。"多利"的克隆成功令他们激动不已，威尔莫特先生特别用他最喜欢的乡村歌手多利·帕顿的名字给它起了名。

"多利"是世界上第一只克隆出来的哺乳动物，因此它具有重大的价值，它既不会像普通羊那样被卖掉，更不会被人吃掉。为了防止意外，它被科学家们关在羊圈里而无法到大自然中去吃草和玩耍，也无法像它的小伙伴们那样过上正常的生活。被关在羊圈里的"多利"倒是全然不知自己的特殊身份，它像其他小羊一样吃草、睡觉、欢蹦乱跳，在生育自己的母亲面前撒欢儿。尽管那只母亲长着一张难看的黑脸，"多利"还是只认它，把它当做自己的亲生母亲，不离左右。

在此之前，美国俄勒冈州的科学家使用猴子胚胎的细胞成功无性繁殖两只猴子，这是无性繁殖成功的与人类最接近的动物。这两只猴子在无性繁殖的过程中使用的技术与绵羊"多利"类似，不同的是，"多利"的遗传基因来自一只成年母羊的乳腺细胞，从遗传学角度看，它就是那只成年绵羊的复制品；而两只猴子的遗传基因来自胚胎，它们在生产过程中，移植的是尚未分化的、由有性生殖过程生产的受精卵分裂而成的细胞组织，与"多利"有着本质的区别，不是另一只成年猴子的复制品。

不过，这两项科研成果都是史无前例的，它不但震惊了整个世界，也掀起了一场席卷全球的"多利"风暴。风暴中最令人注意的是，官方机构和政坛要人所作的反应。美国总统克林顿在下令"国家生物伦理咨询委员会"于3个月内提供有关报告的一周后，又再次下令禁止"克隆人"的研究，据说是担心有人在90天内钻空子，赶制出一个"克隆人"来。世界卫生组织总干事中岛宏和欧盟负责科学研究的克勒松夫人先后发表声明和谈话，反对"克隆人"的研究。欧洲许多报刊呼吁各国立即着手立法，以禁止克隆技术用于人类。一时间似乎立刻就会跳出一个叫"克隆人"的魔鬼，来搅乱社会规范。与此相反，科学界大多对此反应平淡。首先是因为，单纯对克隆人的研究发布禁令，在技术层面上是毫无意义的，既然科学已能熟练地克隆任何高等动物，对人的克隆，在技术上就不会存在障碍；第二，从临床研究的角度出发，"克隆人"的研究不存在任何的医学理由，正如威尔莫特所说："我看不到'克隆人'的医学意义何在。"第三，科学发展到今天，人类早已掌握了毁灭地球和消灭人类自身的能力。人类的核武器库已足以多次毁灭地球，转基因技术足以改变物种，影响生物圈中的食物链，给人类带来灭顶之灾；人工智能技术已具有深刻的社会学意义，一旦人造的机器获得了经济和直觉，那么机器人将远比克隆人的后果更具想象的空间。但是，原子弹没有毁灭人类，转基因动植物没有给人类带来威胁，电脑的研究使人工智能越来越完善化，为什么就非要对"克隆人"的问题

震惊世界的大事纪

155

那么忧心忡忡呢？

何况克隆羊"多利"刚出生时，罗斯林研究院的科学家们就对"多利"的染色体做了仔细的研究，发现其染色体末端，即端粒，比同龄的普通绵羊短。科学家认为，端粒是决定细胞老化的主要因素，端粒越短的细胞越接近死亡。变短的端粒或许表明遗传的蓝本会随着时间流逝而老化，无休止地克隆一个动物是不可能的。

不管怎样，克隆羊"多利"的成功，对生物遗传疾病的治疗、优良品种的培育和扩群等提供了重要途径，对物种的优化、对转基因动物的扩群均有一定作用。另外，利用克隆技术可以大量复制珍稀动物，挽救濒危物种，调节大自然的生态平衡，为人类造福。但是，由于克隆技术的进步，给人类提出了严峻的、从未有过的、关于人体本身的挑战。人类将面对许多如道德伦理等方面的巨大问题。

文化篇

 古埃及文化

古代埃及位于尼罗河第一瀑布至地中海之间约 750 千米长的狭长地带，由于地理形势的差别，可分为两个区域，接近尼罗河三角洲的区域称作"下埃及"，自开罗至南部的狭长谷地称作"上埃及"。尼罗河哺育了埃及人民，也哺育了埃及的古老文明。所以史书称埃及是"尼罗河的赠礼"。古代埃及的居民被称为"哈姆人"，起初为东北非土著，后来亚洲塞姆语人进入埃及，在长期的历史发展中与土著逐渐融合，其语言属于塞姆·哈姆语系。"埃及"一词源自古代的希腊语，阿拉伯语自称为"米斯尔"。古代埃及人民以其智慧和才能曾经创造了光辉灿烂的文化。

早在公元前 3000 多年（即涅伽达文化 II 期），埃及就创造出象形文字，起初每个象形字都代表完整的词和完整的概念，以后，某些符号渐渐地有了表意的性质，用来表示抽象的概念。另外一些符号则是用来代表可以拼成单词的一个个音节。最后，在古王国早期，又增加了 24 个分别代表语言的单辅音的符号，这样埃及象形文字体系就由图画符号、音节符号和字母符号 3 个部分所构成。

在古代埃及的文字中，以图画符号来表达一些具体事物的概念

是相当多的。例如，"太阳"是以圆圈中有一圆点的符号来表示，"水"则是以三个波浪形的符号来表示，"马"和"犁"也都是以它们的形象来表示等。一些具体的动作也是以形象来表示的，如"渴"就用牛在水边奔跑来表示，要表示"打"就画一个人拿一根棍子做打的动作，"飞"就画一只翅膀展开的鸟，"吃"就画一个人往嘴里送东西，"迈步"则画一只抬起来的脚等。而对一些抽象的、不能直接感知的概念或动作，也往往用一些能使人知道的图形来表示，如"南方"这个概念，埃及人就画一种南部埃及所特有的植物百合花的图形来表示，"老年"就画一个弯着腰、拄着棍子的人来表示，"统治"则用象征统治权力的玉笏的图形来表示等。

但是，图画符号都不表示词的发音，为了把音标示出来，埃及人又用一些图形来表示音节。埃及"字母"包括24个子音、大批双子音组合和三子音组合的符号。但是有很多象形字虽然读起来声音相同或接近，却不能清楚地表明它是属于什么范畴的东西，原因是它只有辅音符号，没有元音符号，所以要区别它们比较困难。古代埃及人创造了部首符号来解决，古代埃及绝大多数的词都有部首符号。

随着埃及历史的发展，文字也逐渐发生变化。在第一中间期的第八王朝演化出一种祭司体文字，后来在利比亚舍易斯时期又演化出一种世俗体文字，到罗马统治初期又演化成科普特文字。古代埃及文字没有发展成字母文字，但它也在逐渐地简化，向字母文字过渡。它的24个单辅音的符号，已经类似于字母，这对后来腓尼基人创造字母文字具有很大的影响，而腓尼基人的字母又成为后来希腊人创造的字母文字的基础。而现在的欧洲各国的文字都源于希腊字母。因此，古代埃及象形文字对世界文字的发展作出了重要贡献。

古代埃及的文字十分复杂，主要为祭司和书吏所掌握。随着古代埃及的历史消亡，这种文字也就逐渐被人们所遗忘。在罗马人统治埃及时期，认识这种象形文字的人就极少了，而科普特文字与古埃及的象形文字不一样，是用改造过的希腊字母书写的。后来阿拉伯人征服埃及，这种文字便不再通行，变成了死文字。直到19世纪，法国学者商博良根据罗塞达石碑上的3种文字（即埃及的象形文字、世俗体文字和希腊文字），逐渐把古代埃及文字释读出来，从而揭开了这种神秘文字的奥秘，使古代埃及文化重见天日。

古代埃及的文字大多刻在石碑上，或书写在纸草上。纸草在古代曾流行于地中海东部地区，现在有大量的纸草文献流传下来。为了研究纸草的内容，现在形成了一门"纸草文献学"。

通过纸草文献，后人发现了古代埃及丰富多彩的文学作品，但由于年代久远，保存完好无损的文卷并不多。古王国和中王国时期的作品，大多是一些"预言"、"箴言"、"训诫"之类的文献，如《聂菲尔列胡预言》、《对美里卡拉王的教谕》、《伊浦味陈辞》等，这些作品都出自贵族之手，或出自法老之手，其基本内容是统治阶级或者宣扬"治国安邦"的功德，或者诉说对人民起义的仇恨，或者指责法老无能，慨叹社会的激烈变迁。在中王国时期也出现一些纯粹文学作品，如《辛努哈特历险记》、《船舶遇难记》、《一个能言善辩的农夫》等。新王国时期最突出的文学体裁是写实旅行记，其中最精彩的是《乌努阿蒙旅行记》。

在建筑方面，古代埃及人民表现了高度的智慧和技巧。古代埃及修建的金字塔、神庙、宫殿、住宅等雄伟的建筑物，虽历经数千个春秋，至今仍闪烁着建筑艺术的光彩。其中金字塔是埃及建筑艺术的典型代表，最早的一座至少在公元前2700年即已存在。金字塔是埃及国王的坟墓，每个国王在自己登基之初便着手安排后事，营造金字塔。规模最大的金字塔是第四王朝的国王修建的，第一代王斯尼弗鲁在达赫舒尔建筑了两座真正的金字塔：一座高达99米，因塔身弯曲，被称为"弯曲金字塔"；另一座高达100米。斯尼弗鲁的继承者胡夫（齐奥普斯）修筑的金字塔最为雄伟，因坐落于尼罗河附近的基泽，人称"基泽金字塔"。这座金字塔高 146.5 米，边长 230 多米，塔基面积达 52906 平方米，塔身用 230 万块石块叠成，平均每块重约 2.5 吨。胡夫的儿子哈夫拉在基泽又建造了第二座大金字塔，其规模没有超过胡夫金字塔，但面饰极为精致，并配有附属庙宇。在金字塔内有走廊、庙堂，还有各种绘画、雕刻等装饰品。在金字塔周围有首都和地方的高官显达的大石墓，突出的是在哈夫拉金字塔附近有一座用整块的天然巨石凿成的巨大狮身人面像，人称"司芬克斯"。其高 20 多米，宽 50 多米，形象高大威严，雄浑宏厚，为古代文明的奇观。

新王国时期在底比斯附近兴建的大规模建筑群——阿蒙神庙，也称得上古代建筑的典范。阿蒙神庙包括卡尔那克神庙和卢克索尔神庙。卡尔那克神庙建筑时间从中王国一直到托勒密时代，神庙主殿总面积达 5000 平方米，有 10 个高大的塔门，十分壮观的柱子大厅，其中有 12 根柱子高达 21 米，柱头用花状修饰，柱身雕有象形文字和各种浮雕，气势宏伟。卢克索尔神庙兴建于十八—十九王朝，这个神庙也采用大柱廊，共 14 根柱子，柱头呈开花的纸草形状，大柱廊的墙上有精美的浮雕，反映在底比斯举行隆重宗教祭奠的情景。

古代埃及留下来的艺术品十分丰富，有木雕、石雕、浮雕以及绘画等，其中雕塑的特点是严格的程式，显得呆板，缺少变化。人像都是正面的，头正脚方，神情端庄而呆板。法老的雕像一般很大，但几乎全是刻板的，双臂交叠胸前或紧贴身体两侧，两眼直视前方，脸相一般都很冷淡，毫无表情。身体各部分经常不合实际比例：或大腿偏长，或肩膀太方，或十指等长。狮身人面像就是一种非写实性的雕像，浮雕也有这种倾向。古代埃及的绘画兴起较晚，至中王国时才大量应用，表现手法较少程式化，更尊重自然，一些壁画中的人物如舞者、乐师、侍女、动物、外国人和俘虏等，个个栩栩如生，而描绘的动作更见功底，如表现撒野的公牛在沼泽中陡然跃起，受惊的牡鹿伸着头疾速奔跑，鸭群在池塘里悠然游泳等。

古代埃及人为了计算尼罗河泛滥的时间，设计金字塔、神庙建筑和解决灌溉等复杂问题，很早就运用天文和数学的知识。早在约公元前3000年，埃及人通过对尼罗河河水上涨和对天狼星的观察，发明了自己的历法。他们把全年分成12个月，每月为30天，年终增加5天，作为节日之用。这种历法比现行的历法少1/4天。他们还把每年分为3个季节："泛滥季"、"长出五谷季"、"收割季"。埃及人还把昼和夜各分成12个部分，每个部分为日出到日落或日落到日出时间的1/12。他们以石碗滴漏计算时间，石碗底部有个小口，水滴以固定的速度从碗中漏出，石碗有各种记号，用来标示各种不同季节的小时。古代埃及人发明了一种计数法：以一画代表"1"，两画代表"2"……九画代表"9"，到了"10"换个新的符号，然后以两个"10"的符号代表"20"，依此类推。他们设计了加、减、除的算式，但不知道乘法，也不知道"0"。埃及人的测量技术达到了惊人的程度，已能精确计算三角形、长方形、梯形、六边形，以至圆的面积，他们计算出圆周与其直径的比率即圆周率为3.16。

古代埃及的医学比较发达，约公元前1700年以后的纸草文书中已有了科学诊断和治疗的观念。医生和医学也有了专业分工，在爱德华·史密斯外科纸草文卷中，已提到了48种病例，包括创伤、骨折、脱臼、脑伤、鼻伤等，还提到如脱臼复位、用石膏医治骨折等外伤治疗办法。《埃培尔斯纸草》则表明埃及人已对心脏和血管有了专门的研究，认为从心脏发出的22根脉管对人的生命有决定性的作用。埃及人的药物和治疗法经希腊人传入欧洲。

古代埃及虽然出现了民法和刑法的雏形，但没有形成严密的法律制度。法老是最终裁判者。然而，宗教却在古代埃及具有支配作用，政治、艺术、文学、哲学等方面，无处不留下它的烙印。古代

埃及人崇拜多神。崇拜的图腾有鳄鱼、鹰、狮、牡牛、蛇、朱鹭等。自然崇拜的对象是天、地、空气、太阳、尼罗河等。天神称"努特"，地神称"格伯"，空气神称"苏"。其中太阳神占有特殊地位，它带给人类光明、温暖，使农业获得丰收，因此，有不同称谓的太阳神（如拉神、阿蒙神、阿吞神）备受崇拜。

古王国时期，全国逐渐形成了统一崇拜的主神。统治者为神化自己的统治，极力推崇对拉神的崇拜，把自己说成是拉神的直接后裔。新王国时期，底比斯的阿蒙神成为全国崇拜的主神；后来当王权同阿蒙神庙祭司等发生冲突后，埃赫那吞废除了对阿蒙神庙及其他地方神的崇拜，而只提倡崇拜太阳神——阿吞，但多神教信仰在埃赫那吞死后随即恢复。

在古代埃及人的信仰中，对农业神奥西里斯的崇拜也十分普遍。据传说，奥西里斯原是个国王，但遭到他邪恶的兄弟塞特的暗害，肢解后的尸体被扔进尼罗河，其妻伊西丝将其找回缝合，并神奇地复活了尸体。后来，奥西里斯成为冥世国王，一切人死后都要受到其审判，他们的心都要放在奥西里斯面前的天平上称一称，看是否减轻了分量。如分量减少，则在世时干了坏事，死后要受到审判和惩罚。因而在国王和贵族奴隶主的墓中，常常在纸草上写有祈祷文，或刻在金字塔和坟墓的墙上，以此赎罪，求得奥西里斯的宽恕。

古代埃及人的来世观念在中王国的历史上得到充分发展，所以，国王们千方百计防止死者阳间遗体的毁灭。富人们不仅要把尸体制成木乃伊，保存起来，放入以巨资修筑的坟墓中，而且要给木乃伊置办食物、用具和其他必需品，供他们在冥间享用。在坟墓墙壁上还绘有其仆人、地产、劳动者的劳动场面等，以使他们在冥府中为主人效力。

古代埃及人民创造的文化对人类文化的发展作出了重大的贡献，埃及是人类文明的摇篮之一。

✦ 古希腊文化

古代希腊以爱琴海为中心，包括希腊半岛、爱琴海诸岛和小亚细亚西部沿海地带。"希腊"一词来源于拉丁文。在较古的时代，希腊人自称为"亚该俄斯人"或者"达那俄斯人"，后来才自称为"希腊人"，称自己的国土为"希腊"。根据传统说法，古代希腊的居民在半岛上是皮拉斯基人，在海岛上是勒勒吉人。公元前2000年前后，第一批希腊语人从北方侵入希腊半岛的中部和南部。公元前12世纪前后，最后一批希腊语人——多利亚人诸部落侵入希腊半岛。至公元前1000年初，操不同方言的希腊人诸部落分布于爱琴海世界各地，原来的土著居民逐渐被同化。古代希腊人在与周边地区的交往中，汲取了古代埃及和古代西亚的先进文化，创造了欧洲最古老的文化。

早期希腊文学主要表现在神话、史诗、抒情诗和寓言。希腊神话源于原始社会的民间口头创作，后来为《荷马史诗》，希西阿德的《神谱》，古典时代的文学、历史和哲学等著作所吸收。古代希腊人相信，在奥林匹斯山上有一个庞大的神的家族，其中有12位主神：天神（雷电神）宙斯、天后（天空之神）赫拉、海神波塞冬、太阳神阿波罗、月亮神阿尔忒弥斯（又是狩猎女神）、智慧女神雅典娜、爱与美的女神阿芙洛狄特、战神阿瑞斯、火神（工匠神）赫维斯托斯、众神使者赫尔墨斯、农神得墨忒耳、灶神（家神）赫斯提亚。宙斯和阿波罗是全体希腊人共同的崇拜对象，为了祭祀天神宙斯，从公元前776年起，每4年举行一次全希腊城邦都参加的奥林匹克体育竞技和文化表演。神话的另一表现形式为英雄传说。它以不同的英雄为中心形成了许多系统，主要有伊阿宋率阿耳戈英雄寻取金羊毛、提修斯渡海杀死牛头人身怪物米诺斯、柏修斯智割女妖美杜莎的头颅、特洛伊战争、大力士赫拉克勒斯为人民建立 12 件功勋的故事等。

《荷马史诗》是希腊最早的一部史诗，与许多其他民族的情况一样，它原本是一种民间的口头创作，包括许多神话及反映历史的传说。希西阿德的诗也被认为属于史诗。他的《田功农时》几乎没有什么神话的成分，写的都是农时节令和当时社会的情况。他的《神谱》讲世界起源和神的起源，企图把古代神话归纳整理，使其系统化。

在公元前 8—前 6 世纪期间，希腊出现了一个抒情诗繁荣的阶段。抒情诗原意是"琴诗"，用弦琴伴奏可以歌唱的诗，它来源于民歌，又分哀歌诗、琴歌和讽刺诗。以独唱琴歌著称的作家萨福（公元前 612—?）写过 9 卷诗，流传至今有两首完整的诗和一些残句。她死后，名声传遍了全希腊，柏拉图称她为"第 10 位文艺女神"。

在抒情诗流行期间，希腊民间还流传着一些散文故事，最著名的是伊索所作的动物寓言。相传伊索是一个非常聪明的奴隶，后来获得解放。伊索寓言中的《狼和小羊》、《农夫和蛇》、《狮子和野驴》、《龟兔赛跑》等，形象生动、比喻恰当，对后来的欧洲作家创作产生很大影响，直至今日仍广为流传。

古代希腊文学上的主要成就是戏剧，公元前 6 世纪时，雅典已有戏剧表演。最初演出戏剧在街道或广场上举行，后来为便利观众开始建筑舞台。希腊剧场呈圆形，倚山坡而筑，没有屋顶，没有台幕，是一片开阔的场所。其规模极大，可以容纳大量观众。如雅典的狄奥尼蒙斯剧场，可容纳 3 万多观众。在希腊化时期，建筑的剧场可以容纳 5 万、10 万甚至 10 万以上的观众。剧场的主要部分有观众场、歌队场、前台等。雅典政府发放观戏津贴，在每年春季举办盛大的戏剧比赛，使剧场成为当时自由民的政治讲坛和文化生活的中心之一，因而出现了一些杰出的悲剧作家和喜剧作家。

雅典戏剧包括悲剧和喜剧。悲剧是从赞美酒神的颂歌和祭祷发展而来。雅典最有名的"三大悲剧作家"是埃斯库罗斯、索福克勒斯和欧里庇得斯。埃斯库罗斯是古希腊悲剧的真正创始者，恩格斯称他为"悲剧之父"。他一生写了90部悲剧，但现存仅7部。其中《波斯人》、《普罗米修斯三部曲》、《俄瑞斯忒斯三部曲》等较著名。索福克勒斯出身于一个武器作坊主家庭，公元前404年曾被选为"雅典10将军"之一，与伯里克利交往甚密。他大约写了130部悲剧，流传下来的只有7部。其中《俄狄浦斯王》和《安提戈涅》两部最为杰出。欧里庇得斯出身于雅典贵族家庭，受当时智者学派思想影响，他的剧本带有哲理性，所以有"舞台上的哲学家"之称。传说他写过93部剧本，流传至今的仅18部。其中有《美狄亚》、《特洛伊妇女》、《伊菲格涅亚在俄利斯》等。

古希腊喜剧起源于酒神庆典结束前的狂欢歌舞和民间滑稽戏。希腊喜剧大多是政治讽刺剧和社会讽刺剧。当时的喜剧一般由6个部分组成：开场、进场、对驳场、评议场、插曲和退场。雅典最杰出的喜剧家阿里斯托芬出身于贵族家庭，与苏格拉底和柏拉图是朋友，交游甚广。他一生写过44部喜剧，现存11部。其中有《阿卡奈人》、《和平》、《吕西斯特拉塔》、《骑士》、《鸟》、《财神》等。阿里斯托芬把希腊喜剧推到高峰，恩格斯称他为"喜剧之父"和"有强烈倾向的诗人"。

古希腊的艺术主要表现在建筑、雕刻和绘画方面。其中神庙建筑以四周环、圆形柱廊为特征。公元前7世纪后期，希腊先后形成两种圆柱形式，即多利亚式和爱奥尼亚式。多利亚式，柱身粗壮并刻有沟纹，石柱无柱础，柱头亦无装饰，其典型是巴特农神庙。爱奥尼亚式，柱身稍纤细，石柱有柱础，柱头有涡卷形装饰，雅典的伊利特盎神庙是其代表。公元前4世纪出现的科林斯式，与爱奥尼亚式大体相同，唯柱头有卷叶状装饰，风格趋于华丽，雅典卫城里的奥林比昂神庙是其代表。

公元前5世纪，雅典大肆修建、装饰雅典卫城。卫城建筑群包括门厅和一系列大小神庙。其中最大、最主要的建筑物是多利亚式的供奉雅典娜神像的巴特农神庙。它位于卫城最高处，气势雄伟，庄严富丽，与卫城空场上的青铜战士雅典娜像相呼应。后期希腊的建筑转向公共建筑为主，如人民议事厅、图书馆、露天剧场、竞技场、城市园林等。

古代希腊的雕刻（包括浮雕），以表现人物为主。最初的雕刻是古朴的，作品呆板，带有埃及雕塑的痕迹。公元前5世纪，希腊雕塑艺术趋于成熟，形成了自己的特点。如米隆的代表作《掷铁饼者》和《驾车者》，标志着有希腊特征的雕塑艺术的形成。伯里克利时期雕刻更显得生动活泼，接近于自然的人。雕塑家菲狄亚斯在建筑巴特农神庙时，创作了许多作品。如《拿长矛者》，头身比例已达1：7，还有巴特农神庙内的雅典娜神像和宙斯神像。波里克波特是善于刻画人体美的杰出雕塑家，他的代表作《持矛者》，长期以来被誉为人体雕塑的样板。公元前4—前3世纪，雕塑技巧趋于完善，开始注重描写人物的心理矛盾、沉思痛苦的形象和人体的曲线美。普拉克西特的代表作品《尼多斯的阿芙洛狄特》是希腊史上、也是世界上第一个裸体女人像，是许多雕塑家塑造妇女形象的典范。斯科帕斯的主要作品《尼阿贝群像》以高度的写实技巧刻画人物的外部表情，从而揭示出人物内在的绝望、哀求、悲愤的情感。后期希腊也出现了一些雕塑巨作，罗德斯岛的《阿波罗像》用青铜铸成，高34米，经12年始造成，被誉"为古代世界七大奇迹"之一。公元前1世纪时罗德斯岛几位雕塑家的杰作《拉奥孔群像》，逼真地刻画出拉奥孔与巨蛇搏斗时痛苦挣扎、绝望的面部表情和筋肉的紧张状态，具有高度的写实技巧，是古代群像的一大杰作。

公元前6世纪，在小亚细亚的一些希腊城邦中开始出现了最早的哲学流派——米利都学派。创始人泰利斯认为"万物生于水，复归于水"。另一位大师阿那克西曼德认为世界万物的本原是"无限"，即无定形、无定质的物质。其学生阿那克西美尼认为世界万物的本原是"空气"。这个学派力图为世界各种各样的事物找出一个统一的物质本原，表现出朴素的唯物主义思想。

与米利都学派相对立的是毕达哥拉斯派和埃利亚派。毕达哥拉斯曾游学于埃及、巴比伦等地，深受当地文化的影响，接受了灵魂不灭和轮回的思想。他认为世界的本原是"数"，由数而有形，由形而有物。其学派思想对后来的苏格拉底、柏拉图有很大的影响。埃利亚学派因建立于意大利南部的埃利亚而得名。其代表人物是巴门尼德和芝诺，他们认为世界万物的本原是一种抽象的"存在"，并且认为一切都是静止不变的。芝诺的"飞箭不动"就是否定事物变化的一个著名命题。

公元前5—前4世纪，古希腊的社会经济有了进一步发展，哲学亦随之发展。这一时期，唯心主义哲学的代表是苏格拉底和柏拉图。苏格拉底认为世界万物的本原是"神"，反对研究客观的自然界，人应去认识自己。柏拉图提出了"理念论"，认为世界有两个，即理念世界和现实世界。前者是永恒的、真实的、完善的、超经验的；后者是无常的、虚幻的、黯淡的、可感知的。现实世界是从理念世界派生的。希腊古典时代的最后一个大哲学家是亚里士多德。他对哲学、逻辑学、历史、政治学、诗学、数学、生物学、心理学、伦理学等学科都进行过有意义的探索。在哲学上，他认为物质世界是客观存在的，批判了柏拉图的"理念论"。但在形式和质料的关系上，他却把形式放在首位，认为它是事物发展的推动者，倾向于唯心主义。亚里士多德是古代希腊文化的集大成者。

后期希腊，伊壁鸠鲁继承和发展了德谟克利特的原子论学说，认为原子之间不但有大小的差别，而且有质量的不同；不仅有直线运动，而且有偏斜运动。在认识论上，肯定感觉是认识的源泉。在伦理学上，认为人生最高的善是快乐。而斯多噶派的哲学观点与伊壁鸠鲁对立，他们认为"世界理性"决定事物的发展变化，宣扬宿命论。在伦理上，认为人生的目的不是快乐，而是苦行寡欲。

公元前6世纪，爱奥尼亚地区就已经有了一些"纪事家"。公元前5世纪以后，先后出现了希罗多德、修昔底德和色诺芬3位著名史学家。希罗多德生于小亚细亚的哈利卡纳苏城，曾游历小亚细亚、黑海沿岸、叙利亚、腓尼基、两河流域和埃及等地，于公元前446年移居雅典。他著有《历史》一书，又名《希波战争史》，记述了大量的、珍贵的历史资料。他开创的历史叙述体的史学写作方法被西方奉为正宗，所以欧洲人尊之为"历史之父"。

修昔底德是雅典人，曾任雅典将军，因在伯罗奔尼撒战争中作战失败，被放逐多年，后回到雅典，著《伯罗奔尼撒战争史》，叙述伯罗奔尼撒战争的过程，到公元前411年止。著作基本上以编年体写成，结构比较严谨。修昔底德治学严谨，是西方史学上第一位真正具有批判精神和求实态度的史学家。

色诺芬曾师从苏格拉底，著有《希腊史》、《万人远征记》、《拉西弟梦人的政制》、《经济论》、《雅典的收入》等10余部著作，都具有一定的史料价值。色诺芬的著作都具有明显的斯巴达倾向，并带有许多迷信色彩。

古希腊时期，科学与哲学密切结合在一起，以自然哲学的面貌出现，如米利都学派的泰利斯等，对天文学、人类的起源和整个世界的组成做过深入的研究和实证，为推动人类科学的发展进行了大胆的探索。

在数学方面，希腊最早的数学家是泰利斯，他提出并证明了几何学的几个基本命题。毕达哥拉斯及其学派对数学作出了较大的贡献，证明了勾股定理，据说后来欧几里得几何学中关于平行线、三角形、多边形、圆、球和正多面体的许多定理，实际上都是他们的成果。古希腊后期，数学取得巨大成就。数学家欧几里得著有《几何原本》，系统地整理了前人的数学成果，集当时几何学之大成。阿基米得在数学上留下了许多著作，其中最著名的是《论星图》、《论球体和圆柱体》，被认为是古希腊数学的顶峰。在物理学和力学方面，他提出了杠杆原理和阿基米得原理，成为"静体力学"的创造人。第一个认真地研究物理现象的是亚里士多德，其所著《物理学》一书是世界上最早的物理专著，其中主要研究了力学问题。

在地理学方面，爱拉托斯尼著有《地理学概论》，第一次推测从西班牙沿同一纬度航行，最后可抵达印度。他还第一个计算了地球的周长约为 39600 千米，十分接近实际长度。在生物学方面，贡献最大的是亚里士多德。他的著作中有三分之一是关于生物学的，其中记载了约 500 种动物，并做了认真的分类。其弟子提奥弗拉托曾对多种植物进行描述和分类，研究过植物的地理分布和植物生态等许多问题。

古代希腊文化在文学艺术、哲学、史学、自然科学等方面，都获得了高度的发展，取得了惊人的成就，为西方文化的发展奠定了广泛而雄厚的基础。

◆ 古罗马文化

古代罗马国家建立在意大利半岛，是以罗马城为中心发展起来的。意大利半岛早在旧石器时代就有人类居住。大约公元前 2000 年代初，操印欧语的意大利人祖先从东北方多瑙河沿岸和喀尔巴阡山周围，越过阿尔卑斯山，进入意大利。拉丁人就是这些部落中的一支，他们定居在中部的拉丁平原，建立起自己的城市，罗马是其中的一个。公元前10世纪左右，伊达拉里亚人从小亚细亚进入意大利。他们主要住在第伯河与亚努河盆地，并建立一些城市，创建了自己的文明。约公元前500年，他们被拉丁人打败，一部分被驱逐出意大利本土，回到原居住地。在意大利半岛上还居有翁布里亚人、马尔西人、萨漠奈人和沃尔西人等。

关于罗马城的起源，有许多美丽的传说，其中以母狼喂养孪生兄弟罗慕洛和勒莫的故事最为流行。确切地说，罗马人没有留下任何有关他们远古历史的可靠记载。罗马人是多种民族混合的后裔，也许主要属于拉丁人的血统。古罗马的历史一般可以划分为3个时期：约公元前8—前6世纪为王政时代，约公元前510年—前31年为共和时代，公元前31年—公元476年为帝国时代。王政时代是罗马由氏族制社会向国家政权过渡的时期。至共和时代，罗马的城邦政制有了发展，建立起有两名执政官为最高统治者，实际权力掌握在元老院手中的共和政治。从公元前31年开始，罗马则建立了庞大的帝国，统治整个地中海区域，并绵延了500年。

罗马人在吸收周边各地区的传统文化，特别是希腊文化、伊达拉里亚文化和东方文化的基础上，创造了古代罗马的文化。

罗马最早的文学是民间诗歌，但很少流传下来。罗马文学的发展是在与希腊人接触以后。公元前3世纪，罗马产生了第一位诗人安德罗斯库。他是被俘的希腊人，后来成为罗马公民。他把《荷马史诗》的《奥德赛》译成拉丁文，这部著作成为罗马学校中的第一部文学教材。他还仿照希腊戏剧的形式编写了最初的罗马悲剧和喜剧。同时期的拉丁人尼维阿斯曾写有第一部罗马史诗《布匿战争》，还翻译了希腊喜剧和悲剧，并编写了许多戏剧。公元前3世纪后半期，罗马著名喜剧作家普罗塔斯是位多产作家，据说一生写了100多部作品，流传下来的有20种，最著名的是《喜欢吹牛的战士》和《钱罐》等。

共和时代拉丁散文的创作取得了较高的成就。罗马散文文学的先驱和奠基者是大加图，他发表了大量的演说词，内容深刻，富有很强的感染力，堪称拉丁散文的楷模。他用拉丁语写了一部7卷本的《创始记》，详细地叙述了早期罗马和其他意大利城市及部落的创始。拉丁散文最杰出的作家是西塞罗，他出生于意大利农村，曾在希腊学习过修辞学和哲学。西塞罗的作品很多，政治演说和哲学论文100余篇，流传至今的有57篇，其中最有名的是反对"喀提林阴谋"的演说和反对安东尼的演说。他的讲演词铿锵有力、流畅激昂，被誉为拉丁文学的典范。此外他还写有大批书简和其他著作。与西塞罗同时代的凯撒，在散文创作上也有极高声誉。他著有《高卢战记》和《内战记》，其文字朴实浅显，异常优雅，绝无浮词滥语，具有较高的文学价值，而且是研究早期罗马历史以及高卢、日耳曼人历史的珍贵资料。

罗马文学的最高峰在屋大维时期，以维吉尔、贺拉斯和奥维德3位诗人的诗歌最为杰出，它构成了罗马文学的"黄金时代"。维吉尔出身农家，早期从事田园诗的创作，流露出对意大利的田园风光的深切感情。他用7年时间写作了4卷本的《农业诗》。最著名的是《伊利亚特》，它模仿《荷马史诗》，叙述了特洛伊的神话英雄伊利亚特怎样从小亚细亚的特洛伊漂流到意大利，和怎样成为朱里亚族的祖先的经过。维吉尔企图通过这部史诗证明屋大维是神的后代。另一位著名的诗人贺拉斯出身于被释奴隶之家。他既是讽刺与抒情诗人，又是文艺批评家。他的主要作品有《长短句》1卷17首、《闲谈集》2卷18首、《歌集》4卷100余首和《诗简》2卷23首。其著名诗篇《颂歌》，主要是歌颂农村的优美恬逸，颂扬屋大维的统治。这一时期第 3 个著名的诗人是奥维德。他出身于外省骑士家庭，从 20 岁起从事诗歌创作。主要作品有《爱》、《女英雄书信集》、《爱的艺术》、《爱的医疗》、《罗马岁时记》和《变形记》、《悲歌》、《本都来书》等。《变形记》是他的杰作，叙述了一个青年魔法般地变成一头驴子后种种离奇古怪的遭遇，穿插了许多题材的恋爱故事，揭露了当时社会上层的虚伪、荒淫、愚蠢和庸俗，表达了他对这种种丑恶现象的无比憎恨，并进行了无情的诅咒。他的作品对后世具有很大的影响，但丁、莎士比亚、歌德等在不同程度上受到奥维德作品的熏陶。

远古的罗马神话和宗教崇拜的特点是原始的多神教。在罗马人的概念中世界万物每一种现象都有灵魂，都有神。例如家神、灶神、囤神、门神。罗马人从事农牧业，认为田地、山林、泉水、河流也都有神祇居住掌管。如作物和羊群之神法马努斯、林神狄安娜。人们必须向这些神祇祭献，才能求得安宁和保护。罗马远古的多神教在同希腊文化接触后，许多原来的罗马神便同希腊的神融合起来，具有希腊神的特征。在希腊文化的影响下，出现了全国性的神，朱辟特相当于宙斯的地位，被尊为众神之首。他的妻子尤诺等同于希腊的赫拉，海神奈普图斯等同于波塞冬，冥神狄斯等同于哈得斯，春天女神维纳斯等同于阿芙洛狄特，酒神巴库斯等同于狄俄尼索斯，火神伏尔康等同于赫维斯托斯、林神狄安娜等同于阿尔忒弥斯，神的信使麦尔库利等同于赫尔墨斯等。

大约在共和末期，旧的宗教不再能满足人们日渐增长的宗教需求，东方的信仰开始在罗马传播。约公元前 1 世纪中叶，基督教在罗马帝国境内形成。200 多年以后，基督教渗入和影响到罗马上层社会。自 313 年罗马皇帝颁布《米兰敕令》后，基督教成了帝国的宗教，并渐渐发展成世界性的宗教。

艺术方面，古代罗马人的造型艺术有不少受古希腊的影响，但在建筑、雕像和绘画三大领域里有其独特的罗马风格。罗马建筑在共和末期开始发展，到帝国时代达到空前的规模。罗马建筑的特点是大圆柱形。在罗马城内修建有各种各样的神庙、剧场、宫殿、凯旋门、纪功柱等建筑物。

在古罗马的圆形神庙中，最有名的是帕第奥斯神庙（万神庙）。它始建于屋大维时代，终于哈德良统治时期，共修建了150多年。神庙呈正方形，殿高43米，内部直径同样为43米，正门有8根混凝土大圆柱，高大的青铜门现在依然存在。古罗马造有许多露天剧场，其中科罗赛姆大圆形剧场最为著名。它有4层，可容纳观众8万人，高达48米，剧场中心舞台的周长达524米，舞台可以灌水成湖，表演各种海战的场面，因此又被称为"水陆剧场"。

在罗马的建筑中，公共设施极为典型，它体现了罗马建筑重功利主义的特点。公共设施有公路、公共水池、公共浴室、地下水道、水槽桥和集议场等，配套而成。其中高架引水道是罗马人引以为自豪的，它是实用工程和优美建筑的结合体。据说，罗马城内总共有11条高架引水道，最长的有100多千米，引水道的水渠完全架在石头建筑的拱形结构上，使整个引水道从遥远的山区水源到终点的城市。

罗马的造型艺术佳作是人物雕像，各种人物的头像、半身像、立像比例都很适中，形象十分逼真、庄重，神态自若。早在公元前1世纪已出现了许多罗马著名政治家的青铜雕像，如西塞罗、庞培、凯撒和屋大维等。其中以罗马帝国第一个皇帝屋大维的像最为著名。《屋大维塑像》塑造了屋大维聚精会神地向军队发表演说的情景，人物形象雕刻得强劲有力。他身材魁梧，身着华丽的盔甲，左手执权杖，右手高高举起，食指指向前方，似在指挥千军万马奋勇向前。在屋大维的右脚旁边，古罗马雕刻大师匠心独具地雕塑了一位小天使丘比特像相伴随，从而进一步突出了屋大维形象的高大，使之成为古罗马人物雕像的典范之一。

史学方面，古代罗马大约于公元前5世纪中叶产生了最早的历史作品，主要是"年代记"体例。公元前2世纪，著名的史学家波里比阿（约公元前200—前118）原是希腊贵族，后来被俘到罗马。他写了40卷的《通史》，主要叙述了布匿战争以及罗马在地中海东部所进行的征服，至今保存的仅有前5卷，其余各卷只有一些残片传下来。共和时代另一位史学家是萨鲁斯特（公元前86—前34）。他是一个政治家，反对元老院，拥护恺撒。他的著作流传至今的有《喀提林阴谋》、《朱古达战争》和《历史》。

在帝国时代，罗马出现了李维、塔西佗、普鲁塔克和阿庇安等史学家。李维（公元前59—公元17）出身于意大利一个富有家庭，曾受过良好的教育，担任过屋大维孙子克劳狄的老师。李维的名作是《罗马建城以来的历史》（简称《罗马史》）。这部巨著上始公元前754年，下至公元9年屋大维的养子德鲁苏斯去世。全书共142卷，保存下来的只有35卷。李维此书的目的是追述罗马建城以来的艰辛和光荣，披露社会的不良弊端，激发人们怀古痛今的爱国热忱。著作中充满了道德说教、复古主张和对共和制度的赞扬。李维在著作中引用了大量文献材料，这对研究早期罗马历史是有意义的。

塔西佗（约55—120）出身于罗马贵族，曾跻身政界。他的主要著作是《编年史》、《历史》、《阿古利可拉传》和《日耳曼尼亚志》等。《编年史》所载朝代从奥古斯都之死到尼禄垮台，全书共18卷。《历史》则从韦伯芗开始，终于图密善，共12卷。这两部著作是研究罗马帝国初期历史最珍贵的史料。《阿古利可拉传》是塔西佗为他的岳父树传，书中保存有许多不列颠的历史资料。《日耳曼尼亚志》是最早记述日耳曼诸部落的政治、经济和社会等状况的文献。

和塔西佗同时代的普鲁塔克（约46—120）生于希腊，曾广游世界各地，学识渊博。他的《传记集》（亦译为《希腊罗马名人

传》），现存50篇，大部分是两人合传，即以事迹大略相似的希腊、罗马名人各一人合传。普鲁塔克从已经失传的文献中引用了重要的资料，并指明了史料的出处，因此保留了大量的珍贵资料。《传记集》为西方的传记体史书树立了一个榜样。

阿庇安（约95—165）是出生于埃及亚历山大里亚的希腊人。壮年之后，定居罗马，并获得罗马的公民权。他用希腊文写了一部24卷的《罗马史》，上始王政时代，下至图拉真统治时期。全书按地区、行省、民族、事件分卷叙述，流传至今的仅11卷。阿庇安对罗马进行的战争记载得比较详尽，几乎包括了罗马内战时期的全部基本史料。因此，阿庇安的《罗马史》是一部具有重要价值的历史著作。

哲学方面，古代罗马的哲学远不及希腊发达，希腊哲学对罗马影响较早。最初在罗马上层人士中广为流传的是折衷主义，代表人物是西塞罗（公元前106—前43）。他的哲学著作有《论善与恶的定义》、《论神的本性》以及《论老年》、《论友谊》等。在这些著作中，他借用折衷主义的手法，主张社会的"等级和睦"，宣传"灵魂不死"等神秘主义思想。他要人们服从自然所安排的命运，宣扬命运由"天"而定，非人为所能强求。西塞罗的思想显然是奴隶主统治者的说教。

卢克莱修（约公元前90—前55）是古罗马卓越的唯物论哲学家。他的著作《物性论》是流传到现在的唯一的一部比较系统阐述古代原子论的著作。他继承和发扬了古希腊的原子唯物论，他认为一切物体是原子组成的，原子不能创造，也不能消灭；它们具有一定的形式、重量，并且永恒地运动着；它们按一定的规律结合成万物。他还提出了"社会契约"的思想。

在帝国时代，希腊哲学的斯多噶学派等在罗马广为流传。辛尼加（约公元前5—公元65）便是其中的重要代表，他宣称命运和天命统治着整个自然界，人在命运面前是无能为力的。他的宿命论学说反映了面临社会危机的奴隶主阶级的腐朽、没落和绝望心情。

总之，古代罗马文化不是独立发展起来的，它是在吸收希腊的文化遗产之后，加以改造而成为自己的文化。古罗马文化对于整个欧洲文化，乃至整个世界文化都产生了极其深刻的影响。

❖ 佛教与佛祖

距今 2500 多年前，佛陀诞生在喜马拉雅山南麓恒河流域（今尼泊尔南部边境）的迦毗罗卫国。他姓乔达摩，名悉达多，父亲净饭王，母亲摩耶夫人。据称，按照当时的风俗，摩耶夫人在十月胎满之时必须回娘家生产，当她途经迦毗罗城附近的蓝毗尼园时，见花园中奇花异草，池水香洁，便下车游园洗浴。洗浴完上岸后，手扶树枝，生下了乔达摩·悉达多太子。

悉达多后来回忆其青少年时期的生活时说："我举止文雅，生活非常奢华，接受过极其谨慎的培养。"他的衬衣、内衣、外衣全都是用绢帛制成的，白天头上还有伞盖遮蔽。父亲净饭王为他建造了供3个不同季节居住的宫殿，宫中美女如云，极尽人间之奢靡。作为王位的继承人，悉达多受到了良好的文化教育和严格的武艺训练。他7岁起开始学习"五明"：语文学的声明、工艺学的工巧明、医药学的医方明、论理学的因明、宗教学的内明；同时还学习"四吠陀"：养生之法的梨俱吠陀、祭祀祝词的沙摩吠陀、兵法研究的夜柔吠陀、咒术文献的阿闼婆吠陀。这些都是当时印度的最高学问，而且从12岁起，悉达多就开始练习武术。强健的体魄，英武的气质造就了悉达多的领袖风度，这一点连邻国的频婆沙罗王都钦佩不已。

年轻的悉达多太子是父亲净饭王的希望、是整个释迦族的希望、也是迦毗罗卫国的希望。但是，这位众望所归的太子为何放弃炙手可热的王位，而最终作出了出家求道的选择呢？

悉达多出家的动机，有所谓"四门游观"之说。有一次悉达多到城外郊游，看到一位头白背偻、拄杖行走的老人，不禁联想：他是现在忽然变老的呢，还是他生来的命运就是如此？世间芸芸众生，是他一个人会衰老呢，抑或所有的人都要经过这个阶段？在另一次的出游中，他看到一个垂死的病人睡在路边，此人身瘦腹大，呼吸急促，手足如同枯木，眼里流着泪水，口中不住地呻吟。悉达多不禁又想：世上病人就只有他一个呢，抑或是人人都不免要生病？第三次出游，悉达多见到 4 人抬着一口棺材迎面走来，跟随的人蓬头垢面，号啕大哭。他不胜感慨：人为何要死呢？死是人生的结局，人凡是有生，最终必定有死，男女老少，谁也躲避不了。在第四次的出游中，悉达多遇到一位离开家庭束缚、追求自由解脱大道的沙门。于是，他便作出了寻求解脱之道的决定。

当然，除了精神上的苦恼，悉达多的出家还同所处的社会环境密切相关。悉达多所处的印度如同中国的春秋战国一样，正是群雄并起、相互兼并的时代。他知道，诉诸武力是无法解决人类根本问题的。即使自己成为大家期望的转轮圣王，也只能暂时拯救自己的国家于一时，不可能改变全人类的现状，免除全人类的苦恼。因而，只有放弃武力走圣者的道路，才能找到根本的解决方法。

按《佛传》记载，悉达多出家的时间大致有两种说法，一种说是 19 岁，另一种说是 29 岁。此前，16 岁时他已和邻国拘利城主善觉王的长女耶输陀罗公主结婚，生下王孙，即在重新培养出王位继承人之后，才正式踏上求道之旅的。一天夜里，他摆脱了王宫森严的戒备，带着一名叫"车匿"的侍从，骑着爱马"犍陟"，告别了迦毗罗城。他先取道拘利国，再由此南下，渡过阿诺摩河，遣走侍从，独自一人以托钵行乞的姿态经末罗国和跋耆国，义无反顾地朝着目的地摩揭陀国进发。

据巴利语的《经集》记载，悉达多来到摩揭陀国之后，立即引起频婆沙罗王的重视。这位目光敏锐且具慧根的国王打算赠给悉达多大笔的财富，要求悉达多指挥他的军队，甚至以国相许，但是悉达多的道心丝毫不为所动。在会见频婆沙罗王之后，悉达多便拜印度教"数论派"的阿罗蓝和郁陀两位仙人为师。这两位都是当时水平最高的禅定家，前者获得了所谓"无所有处"的禅定境界，后者获得了所谓"非想非非想处"的禅定境界。然而，悉达多很快就发现，他们的学问不是以解决人类生死苦恼为最终目的，不是寻求解脱的法门。于是决定抛弃禅定，走进尼连禅河畔伽耶山附近舍那村的苦行林，加入到苦行者的行列中。悉达多所修的苦行令人叹为观止，据说他修到后来变得目陷鼻高，颧骨显露，身形消瘦，面目全非，只剩下骨头和皮。他每日只吃一点果品或豆类，后来竟然到了日食一麻一麦的程度。他曾修习停止呼吸的苦行，冥口塞鼻，耳中发出轰轰的巨响，额头如同锐剑在刺、皮鞭在抽。在修习苦行前，悉达多已用五六年时间访师问道，之后的苦行又花了五六年时间。在苦行的第6年，他终于觉察到这种方法也是不可取的。因为苦行的哲学基础是以肉体为肮脏，而以精神为洁净，认为只有损毁肉体、摆脱肉体的束缚才能使精神得到解脱。显然，这种将精神和肉体视作对立的二元论并不符合佛教色心不二的立场。

一天，悉达多来到一条小河边，想洗个澡，把出家后6年来积在身上的污垢统统洗净。河边放牛的小姑娘看到悉达多身心交瘁的样子，很是担心，便给他喝了许多牛奶。悉达多终于恢复了元气。他走到一棵菩提树下，盘膝而坐，在那里闭目沉思。

在悉达多35岁那年，他终于想通了解脱人间痛苦的道理，创立了佛教。后来，悉达多就到各地去传教，招收信徒，希望大家相信他说的一切，并且照着去做。因悉达多族姓释迦，所以被他的弟子称为"释迦牟尼"，意思是释迦族的"圣人"。

释迦牟尼把佛教解释为"四谛"，"谛"的意思是真理，四谛也就是四个"真理"：苦谛、集谛、灭谛、道谛。"苦谛"是说人的一生到处都是苦，生老病死喜怒哀乐其实都是苦；"集谛"指人受苦的原因，因为人有各种各样的欲望，将愿望付诸行动，就会出现相应的结果，那么在来世就要为今世的行为付出代价，即所谓的怨有怨报，恶有恶报；"灭谛"是说如何消灭致苦的原因，要摆脱苦就要消灭欲望；"道谛"是说如何消灭苦因，消灭苦因就得修道。释迦牟尼还为教徒制定了"戒律"。在家的和出家的教徒都必须遵守"五戒"：不杀生、不偷盗、不邪淫、不妄语、不饮酒。出家的教徒男的叫"僧（和尚）"，女的叫"尼（尼姑）"。他们必须剃光头，穿僧袍，完全脱离家庭生活。另外他们还要遵守一些出家人的戒律。佛教主张人人生而平等，同情不幸的受苦人，宣扬只要今世做了善事，来世就有好报；今世做了坏事，来世就有恶报。释迦牟尼的这些主张，逃避严酷的现实，有消极的一面。他还主张用自我解脱的办法来消除烦恼，否定斗争，所以这一点常常被历代统治者所利用。

公元前486年2月15日，释迦牟尼在一条河边给几个弟子讲道，然后就到河里洗了个澡。洗完澡后，释迦牟尼侧身而卧，枕着右手，对弟子们说："我老了，马上就要死了，我死之后你们不要因为失去导师而自暴自弃，而要大力弘扬佛法，拯救世人。"说完，他就逝世了。以后，人们为了怀念他对弟子的苦心教导，就在寺庙里塑造了释迦牟尼的卧像，并把释迦牟尼诞生的那天（农历四月八日）称作"浴佛节"，把他修道的那天（农历十二月八日）称为"腊八节"。释迦牟尼的遗体火化以后，骨灰结成许多五光十色的颗粒，佛教把这种颗粒叫做"舍利"。后来，有8个国王分取舍利，把它珍藏在特地建造起来的高塔中供奉，以表示对释迦牟尼的景仰。这种塔

用金、银、玛瑙、珍珠等 7 种宝物装饰，人称"宝塔"。在北京西山灵光寺的"佛牙塔"里，据说就藏着释迦一颗牙齿。

佛祖释迦牟尼圆寂后，他的众多弟子都秉承佛的嘱托，云游各地，专心传法。但是由于佛陀的指示都是由弟子口传，很难断定那一段论述是否原话。于是后世的弟子聚在一起进行"结集"，就是将释迦牟尼的种种教化、理论、思想，整理成书，便于流传。这样的"结集"共进行了 3 次。佛教在众位弟子的努力下，得到了广泛的传播。南亚次大陆上，越来越多的人信仰佛教，古印度孔雀王朝的阿育王也皈依了佛教，并使佛教得到了空前发展，很快由印度次大陆向周边地区传播，逐步影响到今天南亚、中亚细亚地区。同时，佛教也在向中国传播，并且传播的时间、途径互不相同：一条从古印度向北，穿过帕米尔高原，经大月氏进入今天的新疆地区，沿著名的"丝绸之路"传入中国内地；一条从古印度向南，经过今天的斯里兰卡、缅甸、老挝、泰国、柬埔寨等国家传入中国的云南傣族等少数民族地区；还有一条从古印度经今天的尼泊尔，翻越喜马拉雅山脉进入中国的西藏地区。这 3 条传播途径，最终形成了北传佛教、南传佛教和藏传佛教三大体系，全面继承了佛教信仰和经典。

佛教对世界历史发展有着重要的影响。现在，佛教在泰国、缅甸以及中国的西藏等地，还有着非常大的影响力。在世界历史中，它与政治相结合，诞生了很多佛教国家，它的流传也带动了世界文明之间的交流。佛教于两汉之际传来中国，由于中华民族人文优秀，加上儒、道二教之广博基础，使它在唐、宋间大放异彩，腾辉灿烂。天台宗、禅宗、唯识宗、净土宗、密宗等 8 个大乘佛教宗派，使释迦牟尼开创的佛教在中国发扬光大。佛教现已在世界各地弘扬，成为世界上最有影响力的三大宗教之一。

《汉谟拉比法典》

1901 年 12 月，一支由法国人组成的考古队，在伊朗境内的苏萨古城址中发掘出 1 块黑色玄武岩石。数天之后，又发掘出 2 块这样的岩石。3 块岩石拼凑起来，恰好成一根椭圆形的石柱。这根石柱高 225 厘米，椭圆，周长 180 厘米左右。圆柱上端是一幅精致的浮雕，人物形象栩栩如生；下端刻有 8000 个左右的楔形文字，字体优美，清晰可辨。经专家鉴定，这就是公元前 18 世纪时汉谟拉比国王树立在马尔都克大神殿中的法典石碑《汉谟拉比法典》。作为世界上最早诞生而又比较完备的成文法典，《汉谟拉比法典》保存得极为完整，是研究古巴比伦社会和整个古代东方的第一手资料。

《汉谟拉比法典》的出土，在当时成了一则轰动全世界的重要考古新闻。法国考古队更是欣喜若狂，他们冒着严寒，立即将石碑护送到法国，占为己有。直到现在，圆柱石碑依然存放在巴黎市中心的罗浮宫内。

位于西亚幼发拉底河中游东岸的古巴比伦城，地处西亚贸易的要冲，有极为重要的战略和经济地位。当一度称霸西亚的乌尔第三王朝崩溃之时，叙利亚沙漠高地的阿摩利人来到两河流域中部，约于公元前 1894 年建立了巴比伦王国。当时它还是个微不足道的小城市。到汉谟拉比当政期间才发展为一个繁荣的大国。汉谟拉比花了整整 25 年时间，兼施外交和武力手法，清除了城邦割据势力，在两河流域建立起第一个统一的国家。从某些现存的楔形文泥版书简中，不难看到这位国王的功业。然而，使汉谟拉比名垂青史的，却是他所编纂的法典——《汉谟拉比法典》。

《汉谟拉比法典》由前言、正文和结语3部分组成，共3500行，8000个左右的楔形文字。

　　法典的正文共有282条，内容十分繁杂。包括诉讼手续、盗窃处理、租佃、雇佣、商业高利贷和债务、婚姻、遗产继承、奴隶地位等条文。

　　法典首先在正文的第1条即明确规定："倘自由民宣誓揭发自由民之罪，控其杀人，而不能证实，揭人之罪者应处死。"第3条规定："自由民在诉讼案件中提供罪证，而所诉无从证实，倘案关生命问题，则应处死。"第5条又规定："倘法官审理案件，作出判决，提出正式判决书，而后来又变更其判决，则应揭发其擅改判决之罪行，课之以相当于原案中之起诉金额的12倍罚金，该法官之席位应从审判会议中撤销，不得再置身于法官之列，出席审判会议。"这些规定制止了诬告，给了众人以人身自由，从根本上整肃了社会风气。

　　法典在民事方面的规定则有："疏于维护田间的灌溉堤防，致使河水渗入邻人田地，破坏邻人麦田时，需赔偿其损失。""建筑房屋偷工减料，致使房屋倒塌，压死屋主，建筑工人必须以命抵命。""医生对受重伤者施行手术，患者如在手术中死亡，医生被处以砍去双手的刑罚。"假使某人在道路上受到惊牛的撞击而死，则"没有补偿之道"。耕地的地租为收成的1/3—1/2，园地为收成的2/3。承租土地者种植谷物，即使"田不生谷"，颗粒无收，其租金也不得减免，数额得与邻近土地所缴纳的租金相等，理由是承租者"未尽力耕耘"。如果雷电、暴风雨或洪水毁去承租者的收获物，那么损失仍归于农人。承租者如不听出租者的警告，"怠惰不耕"，出租者便可将土地收回，并收缴租金。交回租地前，承租者还得将其耕好。高利贷的最高利率为谷物33.3%，银子20%，等等。

　　在刑法方面，法典则体现了严刑酷律和"同态复仇"的原则。如："侵入别人私宅而当场被抓，可就地杀之"；"在火灾现场扬言救火却趁火打劫者，将他投入熊熊火焰中烧成焦土"；"蓄意反叛、图谋不轨者在酒店聚会策划，主人知而不报者，处死"；"儿子忤逆、殴打父亲，必遭砍去双手之刑"；"自由民损毁任何自由民之眼，则应毁其眼"；"自由民击落自由民之齿，则应击落其齿"；"自由民打自由民之女而使其致死，则打人者之女应被杀死"。

在婚姻法方面，法典则基本确立了男女平等的思想。首先法典认为："结婚是一件严肃的行为，就像商业交易一样，必须依赖契约才有效。"其次规定受丈夫虐待的妻子，有"取回全部嫁妆回娘家"的权利；丈夫去世后，"其妻可和其子共同继承他的遗产"；女奴和主人成婚后如育有子女，"其丈夫过世后，她和子女皆可脱离奴隶身份"；"妻子久病在床，丈夫不得借故休妻，必须让她待在夫家"。最后对妻子犯了过错则规定："有夫之妇与人通奸，除非得到其丈夫同意，否则，必与奸夫同缚，丢入河中"；"久婚不孕，丈夫可以休妻，但是不能侵占妻子的嫁妆"；"未尽主妇之责，不照顾丈夫生活起居者，必须主动返回娘家，嫁妆全归夫家。"

以现代人的眼光来看，法典的有些条文既不合理，又很古怪。但在当时，这部法典却是人人遵守、信奉的。因此，法典为人们提供了研究当时社会形态的丰富资料，使我们了解到古巴比伦时期的各种制度是一种较石器时代末期更进步的文明。《汉谟拉比法典》的成文，正是适应了当时社会的需要。

有人认为，汉谟拉比并非法典的拟定者，他不过是从先人们依循的法律中加以修正而使之"生效"罢了。即使如此，这一壮举也足以令人瞩目了。虽然在世界上曾出土过比这更早的法律，但全是不成章句的片断，不如《汉谟拉比法典》来得完整。因而，不可否认，《汉谟拉比法典》在法律发展史上占有不容忽视的地位，是一切法律典章的始祖。

基督教的产生与演变

　　基督教产生于公元 1 世纪中期散居在巴勒斯坦和小亚细亚的犹太居民中，由艾赛尼派衍生而来。

　　基督教出现于下层犹太人中间，这有其深刻的历史根源。犹太人历史上就是一个多灾多难的民族，不断受到邻近民族的欺凌。后来犹太人散居世界各地，长期饱尝亡国之苦，尤其对罗马的统治和奴役感受最深。公元 66 年和公元 132 年，他们曾两次掀起大规模起义，但均以失败告终。基督教正是在犹太人走投无路的情况下诞生的。

　　早期基督教的思想吸收了在埃及、叙利亚、小亚细亚和伊朗等地广为流行的宗教思想，尽管教义比较简单，特征却很鲜明。主要表现在以下 2 个方面：①崇信耶和华为宇宙唯一真神，上帝将降福于所有民族的"选民"。基督教的"选民"打破了犹太教的概念，不仅包括犹太人，也包括其他一切非犹太民族的人民。②强调只要信仰基督的降临，就能得到拯救和上帝的恩赐。废除了犹太教的各种献祭和繁琐的礼仪。基督教早期的政治思想是围绕"天国思想"而形成的：反对罗马和犹太上层的黑暗统治；仇视有钱有势的人，同情弱者，救济贫困；建立平等的、共同消费的、劳动人民掌权的新社会。这些政治思想，具有很强的鼓动性和战斗性。

　　基督教在罗马帝国境内，特别是在地中海东部沿岸的各族下层居民中，得到了广泛传播。初期基督教的信徒主要是奴隶、隶农和自由贫民，他们在城镇组织一些小规模的公社，以十字架为标志，每个公社的信徒平等地在一起聚会、听道、祷告、聚餐，彼此互相帮助。公社的领导人被尊称为"长老"或"执事"，后来又增设了财务监督。

在基督教早期的传播过程中，以中产阶级为骨干的保罗派，逐渐战胜了以贫民为骨干的彼得派，从而使基督教发生了深刻的变化。这时期，基督教的变化主要表现在：①社会基础的扩大和信徒成分的变化；②主教等神职人员的产生及其对教会的控制。随着信徒的增多和捐献的增加，早先的公社变成了教会，后来在教会里又逐渐出现了集神权、财政权和管理权于一身的主教。主教制的产生，说明有产者已经掌握了教会。与此同时，《新约全书》各篇也逐渐定型，负责补充和解释基督教教义的神学家——教父也开始出现。

从公元 2 世纪末期开始，受奴隶制危机的影响，基督教得到了迅速发展。城乡中等阶层的居民以及受到震动和冲击的奴隶主、大地主、大商人、官僚甚至皇室成员，纷纷皈依基督教。基督教的教会组织迅速发展，规模急剧扩大，罗马、拜占庭、迦太基、亚历山大里亚等城市逐渐成为所在地区教会的中心。大量有产者的加入，改变了基督教的社会成分，使基督教的教义发生了根本性的转变。

基督教的发展和演变，使罗马统治者对它的态度也发生了变化。他们逐渐改变了对基督教的政策，由最初的镇压改为宽容与镇压并行，再转为依靠、扶植和利用。公元 313 年，皇帝君士坦丁颁布《米兰敕令》，正式承认基督教为合法宗教。公元 325 年，君士坦丁又将"三位一体"派定为正统派，而且确立了皇帝对教会的最高领导权。公元 392 年，提奥多西把基督教定为国教，让基督教上升到罗马帝国唯一合法宗教的地位。

基督教诞生至今已有 2000 多年。它对西方人的伦理观念、风俗习惯、文化教育、建筑以及艺术等方面都产生了重大影响，对人类也产生了深远的影响。在欧洲、美洲以及亚洲的许多国家，基督教被定为国教。希腊—罗马古典文化衰落后，基督教神学统治欧洲达

1000 年之久，直到文艺复兴和宗教改革，基督教的权威才开始动摇。现在，基督教已经成为世界三大宗教之一，教徒遍布世界各地。

◆ 文艺复兴

为什么欧洲能够在近代以来的世界竞争中占据优势地位，很多学者把它归功于欧洲曾经经历过一场历史上最伟大的"文艺复兴"革命。这场"文艺复兴"风潮席卷欧洲大陆后，为世人留下伟大的文学、绘画、雕塑艺术作品及悠扬的乐章，滋润人们的性灵。最终使欧洲走到了世界的前面。

这场 14—17 世纪上半期文化运动的得名，是因为 16 世纪 50 年代的人文主义者认为这次运动是继希腊、罗马之后欧洲文化史上的第二个高峰，史学家们认为它是古代文化的复兴，所以称它为"文艺复兴"。

文艺复兴时期主要的社会思潮为人文主义。所谓"人文主义"，从原意讲，是从拉丁文"Humanus"深化而来的，又译成"人道主义"。文艺复兴时代的人文主义起源于 14 世纪意大利人文主义者彼特拉克。人文主义的思想核心是"人乃万物之本"，主张以人作为衡量一切事物的尺度。人文主义者重视人的价值，提倡个性与人权，主张个性自由，反对天主教的神权；主张享乐主义，反对禁欲主义；提倡科学和文化，反对迷信。中世纪基督教神学否定人性，否定现实，认为人生来就有罪。人文主义者认为主宰世界的不是上帝，而是人。天堂不在来世，而在现世。现在，人文主义已泛化成一种强调人的作用、地位的世界观或意识形态。

人文主义自 14 世纪在欧洲文艺复兴时期兴起以后，一直是西方思想史发展的一条主线，比如马克斯·韦伯，就是 19 世纪末 20 世纪初德国人文主义社会学的代表人物之一。韦伯承认西方资本主义一直依赖于技术因素，同时，韦伯也认为某种社会精神气质对于资本主义精神的发展，尤其是对于它的起源是至关重要的。而这种社会精神气质，无疑是文艺复兴的产物。

吹响文艺复兴号角的是伟大的诗人但丁，他的作品《神曲》闪耀着人文主义思想的光辉，把矛头指向了封建教会，对教会的黑暗、腐败进行了无情的揭露和批判。他斥责教皇、主教和僧侣"用基督的名义做买卖"，"使世界陷入悲惨的境地"，咒骂罗马教廷是"垃圾堆"。在地狱里，他专门给当时活着的教皇卜尼法斯八世留下了一个空位，预言这个恶人注定是要下地狱的。《神曲》也表达了但丁对人类智慧和理想的追求。《神曲》中的"地狱"是现实世界的实际情况，"天堂"是人类的理想和希望，"炼狱"则是人类从现实到理想必须经过的苦难历程。但丁希望人们认识罪恶，悔过自新，认识最高真理，达到最理想的境界，这在当时是非常难得的，显示了新的文化思潮的萌芽。

按时间顺序和发展过程，人们习惯将文艺复兴分为 4 个阶段：

14 世纪初是一个"原始文艺复兴"阶段，又称开端期。这一时期，在思想领域方面受到圣方济各会激进主义的影响，冲破了当时封建、保守、压抑的神权思想的制约，歌颂自然的美和人的价值。这一时期突出的代表人物是佛罗伦萨的彼特拉克、薄伽丘和画家乔托。其中彼特拉克、薄伽丘以及但丁被誉为文艺复兴的"前三杰"，乔托则被称颂为"欧洲绘画之父"。

14 世纪末—15 世纪上半期为文艺复兴的早期阶段。这个时期，人文主义和文学、艺术有了进一步的发展，为后来文艺复兴的鼎盛发展打下了基础。在这段时间，意大利产生了许多第一流的画家、雕刻家和建筑家。如著名画家马萨乔、雕刻家多纳太罗和建筑家布鲁内莱斯基等。

15世纪末—16世纪上半期为文艺复兴的盛期，又称成熟期、高峰期。这一时期历经37年，主要代表人物是文艺复兴的"后三杰"——达·芬奇、米开朗琪罗和拉斐尔。他们的艺术成就达到了前所未有的高度。蒙娜丽莎已经微笑了500多年，但是在21世纪的今天，还是有人会专程到巴黎罗浮宫去一睹佳人的笑容。米开朗琪罗《创世纪》的触指画面是经典之作，现在连广告商都要借来打广告。拉斐尔的《雅典学派》将古代哲人画得栩栩如生，至今还被人们津津乐道。这些艺术大师具有非常的人格魅力，一直到现在还为人们所称道。

16世纪下半期—17世纪上半期为文艺复兴晚期。1527年，罗马遭受洗劫成为文艺复兴宣告结束的标志。杰出代表有威尼斯画派的四大名家：乔尔乔内、提香、委罗奈斯和丁托列托；三位著名的科学家和思想家：布鲁诺、伽利略和康帕内拉。

文艺复兴时期美术界的发展阶段大致与上述4个时期相同。但因艺术创作的时期、地点和条件的变化，在绘画方面形成了不同的艺术流派，当时艺术家们称其为"三大画派"：第一、第二时期为佛罗伦萨画派；第三个时期为罗马画派；第四个时期为威尼斯画派。但是跟中古时代不同，文艺复兴的画家更关注人类存在的意义。所谓的人文主义是文艺复兴的精神核心，绘画内容不再纯粹为宗教服务，而是描摹更接近现实的事物。

文艺复兴是欧洲从中世纪封建社会向近代资本主义社会转变时期的反封建、反教会神权的一场伟大的思想解放运动，代表欧洲近代资本主义文明的最初发展阶段，是"人类从来没有经历过的最伟大的、进步的变革"，其光彩夺目的成果影响深远。文艺复兴意义不仅在于天才辈出，灿若群星，出现大量美不胜收的各类著作，更因为它是一次思想大解放，从根本上改变了人的价值观念，改变了人们对生活的态度，它促使欧洲人从以神为中心过渡到以人为中心，唤醒了人们积极进取的精神、创造精神以及科学实验的精神，从而在精神方面为资本主义胜利开辟了道路。

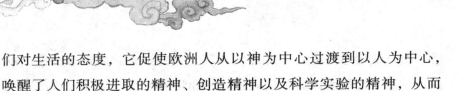

❖ 启蒙运动

到了17、18世纪，西欧资本主义有了较大的发展，新兴资产阶级的力量日益壮大，他们掌握了越来越雄厚的经济实力。但是，当时欧洲大陆的封建统治仍然占据主导地位，教会也严重制约了资本主义经济的发展。封建主义的主权、神权、特权之所以能够在很长时间里占统治地位，其重要的前提之一，便是人们的迷信与愚昧。破除迷信，批判蒙昧主义，自然成了启蒙运动的一项重要使命，也是它被称为"启蒙"的重要原因之一。而这一时期，科学技术的突飞猛进，使理性学说有了科学的依据和强大的生命力，它使人们认识到人类是可以征服自然的，人类社会是不断进步的。在这种背景下，强调人的价值和权利的思潮兴盛起来，形成了以宣传理性为中心的"启蒙运动"。

启蒙运动是继文艺复兴之后，欧洲发生的第二次思想解放运动。启蒙运动兴起于西欧，波及欧洲大多数国家，后来影响到全世界。启蒙思想家把欧洲的封建制度比作漫长的黑夜，呼唤用理性的阳光驱散现实的黑暗。他们集中力量，批判专制主义、教权主义，号召消灭专制王权、贵族特权和等级制度，号召打倒天主教会的世俗权威。他们追求政治民主、权利平等和个人自由。启蒙运动在政治上产生了极其巨大的影响，启蒙思想家们有力地批判了封建专制制度及其精神支柱天主教会，描绘了未来"理性王国"的蓝图，为资产阶级取得统治地位提供了思想上和理论上的准备。启蒙思想家们共同吹响了"法国大革命"的号角，为即将到来的"法国大革命"作了充分的思想准备。

整个启蒙运动的中心在法国。18世纪，法国资本主义发展程度较高，资产阶级力量强大。同时，法国又是欧洲大陆封建势力的堡垒，专制主义、等级制度盛行。作为第三等级的拥有雄厚经济实力的资产阶级在政治上处于无权地位。资产阶级强烈要求政治民主、权利平等和个人自由。许多资产阶级的代表人物开始在思想文化领域里对旧体制发起了猛烈冲击，从而进一步完善了启蒙思想。

在启蒙运动中，诞生了许多的思想大师。他们的思想对世界的进步作出了重要贡献，其中最重要的是伏尔泰、孟德斯鸠、卢梭和狄德罗。

伏尔泰是法国启蒙运动的领袖。他出生于巴黎，自幼受过良好的教育，因得罪贵族而被放逐出法国后，到了英国。在英国期间，他研究了牛顿的科学成就和洛克的哲学著作。回到法国后经商发了财，过上了优裕的生活。伏尔泰是一位多产的作家，其著作清新、机智，常带有绝妙的讽刺，对封建教会和封建制度的反动统治进行了猛烈的抨击，深受法国人民的喜爱。1778年，伏尔泰逝世于法国和瑞士边境的小城。1791年，法国大革命期间，人们把他的遗骸运到巴黎著名的先贤祠重新安葬，并在他的灵车上写着这样的句子："他教导我们走向自由。"

伏尔泰以批判天主教著称，但他并不是以无神论的观点进行批判，而是以天主教的腐化、堕落、滥施淫威为出发点的。相反，他还认为宗教有助于维系人心。他有一句名言："如果没有上帝，也要捏造一个出来。"

孟德斯鸠出身于贵族世家，但他接受了时代精神的影响，投身于资产阶级革命的洪流之中。他曾经到英国游历了两年多，考察了英国的政治制度，认真学习了早期启蒙思想家的著作，并对封建专制制度的弊端进行了猛烈的抨击。他的名著《波斯人信札》，通过两个波斯人漫游法国的故事，用讽刺的笔调，勾画出法国上流社会中形形色色人物的嘴脸，如荒淫无耻的教士、夸夸其谈的沙龙绅士、傲慢无知的名门权贵等。

孟德斯鸠对资产阶级的国家和法的学说作出了卓越贡献。在代表作《论法的精神》中，发展了洛克的分权学说，更明确地提出了立法权、司法权、行政权"三权分立"的原则。认为立法权应由人民集体享有，司法独立，君主享有行政权，三者之间以权力的"制约和平衡"为思想核心，互相独立、互相监督。孟德斯鸠特别强调法的功能、政府的功能。他说："如果一个公民能够做法律禁止的事情，他就不再有自由了。"只有在法律和社会契约允许的范围内，在政府的统治下，公民才会是真正自由的、安全的，一个公民可以不惧怕另一个公民。《论法的精神》为资产阶级以法制对抗专制指出了道路，为资产阶级法学奠定了基础。

卢梭对法国社会进行了更严厉批判。他祖籍法国，出生于瑞士日内瓦一个钟表工人家庭。他幼年辍学，当过佣人和家庭教师。长期漂泊不定的生活，既使他饱尝了寄人篱下的辛酸，也使他目睹了社会不平等给广大人民带来的深重灾难。他强烈渴望社会平等。他凭借活跃而丰富的想象力和深刻的洞察力，撰写了名著《论人类不平等的起源和基础》。

卢梭最主要的政治观点是"社会契约论"和"人民主权"说。卢梭热情倡导社会契约论，继承和发展了英国霍布斯的观点。卢梭认为，人是生而平等的，社会存在着人们的共同利益的"公意"，为了维护这种利益，人们都要遵守"契约"。他主张在"社会契约"面前，人们遵守同样的制约，享有同样的权利，以此反对专制和封建等级制度。他提倡，当统治者要撕毁"社会契约"时，人民有权推翻他。卢梭明确提出了"人民主权"说，反对君权神授论，将人民置于至高无上的崇高地位。

狄德罗是法国启蒙思想家中又一位具有深远影响的人物，因主编《百科全书》而被视为百科全书派的代表。《百科全书》的内容反映了启蒙思想的特征：反迷信、反狂热、反宗教迫害、反专制、反社会不平。它同时反映了当时的一切科学成就。这都有助于启发民智和解放思想。由于《百科全书》有力地批判了封建制度和天主教会，它的主编人屡遭当局的迫害，它的发行曾被禁止且遭焚毁。但是，160多位为《百科全书》撰稿的思想家和科学家为追求真理，为捍卫正义的事业，身处逆境，坚守信念，面临迫害，斗志愈坚。他们通过传授知识，向反动的宗教和社会势力发动了猛烈的进攻。从此，以《百科全书》的编写和出版为中心，形成了法国启蒙运动的高潮。

在这几位伟大的启蒙思想家中，伏尔泰、孟德斯鸠都极力赞美英国的君主立宪制。伏尔泰认为英国"建立了一个举世唯一的政府"，"在当今世界中，（英国政府）可能是最完美的政府"。孟德斯鸠也认为，英国的政治制度可能是能够保障公民的政治自由和平等权利的最好的最理想的政治制度。

当伏尔泰、孟德斯鸠为君主立宪制取代封建专制主义制度的巨大进步而欢呼的时候，卢梭以他那天才的思想，独特的心理结构和深邃敏锐的政治眼光，看到了君主立宪制度的缺陷："英国人民自以为是自由的，他们是大错特错了。他们只有在选举国会议员期间，才是自由的；议员一旦选出以后，他们就是奴隶，他们就等于零了。"卢梭认为，真正保障人民自由与平等权利的，不是英国的君主立宪制，而是人民直接拥有国家主权和立法权的民主共和制度。无疑，卢梭的思想闪耀着更明亮的智慧之光。正是在这个意义上，歌德独具慧眼，如此评判伏尔泰和卢梭："伏尔泰结束了一个旧时代，而卢梭则开辟了一个新时代"。赫尔岑则说得更为坦率："当伏尔泰还为了文明与愚昧无知战斗时，卢梭却已经痛斥这种人的文明了。"卢梭的思想对法国社会的影响特别巨大，是"法国大革命"的灵魂。

启蒙运动不仅为"法国大革命"作了充分的舆论准备，奠定了思想基础，而且超出了国界，跨越了时代，在更宽广、更长远的领域和时间里发挥了巨大而深远的作用。首先，它在18世纪的美国独立战争中发挥了动员作用，对美国的政治制度的建立也影响深远。美国独立后的政治制度、1787年的《宪法》，实际上都是启蒙思想的实践。其次，它对19世纪亚洲的中国和日本也有深刻的影响，启蒙思想家的著作被介绍到亚洲，启迪了人们的思想，动摇了封建统治，促进了亚洲社会的进步。比如孟德斯鸠的《论法的精神》，被我国著名的翻译家、维新运动时期的思想家严复译为《法意》，介绍到中国，在中国思想界引起了极大的震动，鼓励了中国的维新志士们为改造旧社会而斗争。

马克思主义的诞生

19世纪30年代—40年代，英国、法国等西方国家在完成资本主义革命之后，相继实现或者正在实现着工业革命。工业革命促进了资本主义经济的迅猛发展和近代大工业的出现，同时也造就了近代无产阶级。

由于受到资产阶级的残酷剥削，无产阶级自诞生之日起，就开始了反抗资产阶级统治的斗争。起初，工人们开始一些自发的斗争，例如破坏机器等。随着工人阶级认识的深入和斗争手段的成熟，欧洲爆发了几次著名的工人革命，这就是19世纪30年代法国里昂工人革命、英国宪章运动和 40 年代的德国西里西亚纺织工人武装暴动。此后，又爆发了席卷欧洲的 1848 年革命。这些革命虽然最后都失败了，但是意义重大，成为欧洲历史发展的转折点，同时表明无产阶级作为一支独立的政治力量登上了历史舞台。

随着工人革命的开展，无产阶级迫切需要了解资本主义社会的本质、争取自身解放的途径和办法以及用这些科学革命理论来指导无产阶级革命。此时，马克思和恩格斯及时总结了工人革命的经验，为无产阶级革命提供了革命基础，用他们的积累创立了马克思主义理论。

卡尔·马克思

卡尔·马克思，1815 年 5 月 5 日出生于德国特利尔城。他的父亲是一个非常有名的自由主义开明律师。因此，1835 年，马克思中学毕业后，父亲把他送到了当时著名的波恩大学去学习法律。但是马克思到了波恩大学后，看到那里已经没有良好的学习气氛，学生整日追求的是吃喝玩乐，无所事事。因此想方设法离开波恩大学。

次年，马克思从波恩大学转入柏林大学。当时的柏林大学，学习气氛浓厚，而且学术方面在德国的思想学术领域都处于领先地位。在柏林大学，有著名的"青年黑格尔派"和"老年黑格尔派"，这两个学术派别的对垒，促进了思想运动的发展。"青年黑格尔派"痛恨专制统治，渴望民主政治，成为德国一支不可忽视的民主力量；而"老年黑格尔派"则拥护专制政权，支持政府的专制统治，马克思加入了"青年黑格尔派"，积极参与他们的学术和社会活动，吸收了这个学术派别的民主思想，为他以后的思想发展、理论建树奠定了基础。此外，马克思还在柏林大学学习了哲学、历史学、文学、

数学以及外语等，并且取得了可喜成绩。

1841年，马克思大学毕业，同时被耶拿大学授予博士学位。大学毕业后，马克思被聘用为自由主义反对派创办的《莱茵报》主编。在这段时间，马克思接触了大量下层劳动人民，切实体会到普鲁士国家制度和政策的虚伪性、反动性。因此，马克思借助《莱茵报》宣传自己的思想，这份报纸成为马克思革命工作的第一步。

马克思在《莱茵报》上发表了很多有影响力的文章，例如《关于林木盗窃法的辩沦》，这成为马克思主义思想发展史上颇为有名的"林木盗窃问题"。当时在德国西部有大片的森林和草地，这里的居民可以在这里砍柴、放牧。后来，贵族地主霸占了这些森林和草地。有些贫困的居民去山林中砍伐树木，却被这些贵族认为是"盗窃"而遭到逮捕。德国议会在审议这些事情的时候，只为贵族地主考虑，认为"居民们的行为确为盗窃！如果再持续下去，要用法律手段来解决"！

这个判决结果引起全国民众对议会的强烈不满。马克思在《莱茵报》上写了《关于林木盗窃法的辩论》等文章发表自己的看法，文中严厉抨击了普鲁士政府的做法，坚决维护农民的利益。但是普鲁士政府对《莱茵报》所发表的观点感到非常气愤，他们查封了《莱茵报》，迫使它停止印刷，马克思也不得不辞去了主编职务。

在马克思出生后的第3年，弗里德里希·恩格斯出生于德国莱茵省巴门市的一个资产阶级家庭。他的父亲是一个大纺织厂的资本家，性格暴躁、强横，稍不如意即大发雷霆。中学未毕业，恩格斯就在父亲的强迫下停学，去学习经商做生意，希望恩格斯将来能继承父业而成为资本家。

18岁时，恩格斯又被父亲送到德国北部的重要港口城市不来梅，任职于那里的一家贸易公司工作。在这里，恩格斯除了应付一下父亲派给的工作之外，大部分时间都用在学习，并且对各方面的书都感兴趣，哲学、历史、物理、化学等书他一本本、一卷卷地深入学习。由于刻苦学习，到 20 岁时，恩格斯已经掌握了英、法、意、西班牙、希腊、拉丁等十几种外语。更重要的是，恩格斯此时接受了不少新的思想，阅读了许多国家的进步书刊，同时非常同情工人的悲惨遭遇。

恩格斯

1841 年，恩格斯应征入伍。在服兵役期间，恩格斯发表了《谢林——基督的哲学家》等几篇著名的理论文章，以批判唯心主义的神学观。服役期满后，恩格斯来到当时工人运动最为发达的英国，立即投入工人斗争中，并同宪章运动领导人和其他工人组织建立了联系。

应该说，在大学时代的马克思和在不来梅工作时期的恩格斯，他们都是唯心主义者，他们从黑格尔哲学辩论思维中吸取营养。但是在 1842 年，他们同"青年黑格尔派"之间的分歧越来越大。"青年黑格尔派"反对哲学同社会实际相联系，但是马克思和恩格斯却认为哲学应该和社会相结合，为社会发展服务。在马克思退出《莱茵报》后，就从唯心主义转向唯物主义，同时大量阅读了经济学、历史学和空想社会主义的著作，集中精力批判黑格尔关于国家和法的唯心主义理论，写了《黑格尔法哲学批判》。

1844 年 2 月，马克思参与主办了《德法年鉴》杂志，并且在第一期上发表了《＜黑格尔法哲学批判＞导言》和《论犹太人问题》这两篇重要文章。但是《德法年鉴》遭到了普鲁士政府的无理阻挠，最终只得停刊。

在《＜黑格尔法哲学批判＞导言》中，马克思提出了依靠工人阶级推翻剥削制度、建立平等社会的思想，并且指出无产阶级的这一使命必须和科学革命理论相结合。这篇文章的发表，意味着马克思彻底从唯心主义转向唯物主义和共产主义。

此时的恩格斯，正在英国参与和领导曼彻斯特的工人运动，积极参加"宪章派"所组织召开的各种会议，以实际行动支持工人们的斗争。经过广泛的调查研究，恩格斯完成了《政治经济学批判大纲》，该文正确反映了英国工人阶级的生活愿望和斗争情况。此文完成后，恩格斯把它寄给了《德法年鉴》的主编马克思。

马克思在阅读完这篇文章后认为，该文能够及时推动国际工人运动，于是刊登在了《德法年鉴》上，并给恩格斯回了信。不久之后，恩格斯完成了《英国工人阶级状况》一书。在这本书中，恩格斯认为无产阶级要获得自己的彻底解放，就必须团结起来，共同战斗，去推翻资本主义制度。

1844 年 8 月后，马克思和恩格斯在法国巴黎见面。很快，他们合著了《神圣家族》、《德意志意识形态》等著作，系统阐述唯物主义历史观的基本原理。在完成这些著作的同时，马克思和恩格斯还参加了各种无产阶级组织。1846 年初，他们在布鲁塞尔组织了共产主义通讯委员会，打算通过广泛的宣传统一各种革命力量。此后，马克思和恩格斯应邀参加了德国的"正义者同盟"。后来，"正义者同盟"在马克思、恩格斯的建议下改名为"共产主义者同盟"，并于 1847 年 6 月在伦敦召开了第一次代表大会。会后，马克思、恩格斯两人受托拟定该同盟的章程。该章程明确指出，推翻资产阶级统治、建立无产阶级政权是同盟的宗旨，并且提出了"全世界无产者，联合起来"的著名口号。应该说，"共产主义者同盟"是世界上第一个无产阶级政党，其章程是国际共产主义运动史上第一个党章。

1847 年 11 月，"共产主义者同盟"在英国召开了第二次代表大会，会后委托马克思、恩格斯起草同盟的新纲领。1848 年 2 月，马克思和恩格斯正式发表了该新纲领——《共产党宣言》。《共产党宣言》的发表，标志着马克思主义的真正形成，标志着科学社会主义标志的诞生。

《共产党宣言》考察了人类历史发展的进程，阐明了社会发展的规律，指出资本主义和其他社会形式一样会灭亡，无产阶级掌握政权是必然的。并且，马克思和恩格斯还阐明了无产阶级获得解放的途径，从根本上否认了空想社会主义者宣传的通过教育等和平手段来摆脱资产阶级统治的论点。

马克思、恩格斯在以后的活动中，继续丰富和发展着马克思主义。而马克思主义对各国无产阶级运动产生深远影响的同时又得到了新的发展，从而更好地指导人们前进。

青少年必看的

回眸历史书系